Detlev Blanke

Esperanto kaj socialismo?
Pri la movado sur la "alia flanko"

HISTORIO DE LA ESPERANTO-MOVADO

Detlev Blanke

Esperanto kaj socialismo?
Pri la movado sur la "alia flanko"

Tria eldono

MONDIAL

La aŭtoro, Detlev Blanke, kun Dang Dinh Dam (estrarano de Vjetnama Pacdefenda Esperanto-Asocio) kaj Zdenko Křimský (sekretario de Ĉeĥa Esperanto-Asocio) dum la 15-a Konsultiĝo (24.-28.4.1982) en Jerevano.

Unua kovrilpaĝo: *Partoprenantoj de la 18-a Konsultiĝo de Esperanto-organizaĵoj de socialismaj landoj (15.–20.4.1985) en la "Internacia Esperanto-Lernejo" Pisanica/Bulgario. Partoprenis reprezentantoj de la asocioj el Bulgario, Ĉeĥio, GDR, Hungario, Kubo, Pollando, Rumanio (observanto), Slovakio, Sovetunio kaj Vjetnamio.*

Lasta kovrilpaĝo: *La titola alvoko de E. Lanti estis la ĉefa slogano, sur kiu baziĝas la fondo de SAT, 1921 en Praha.*

Detlev Blanke: Esperanto kaj socialismo?
Pri la movado sur la "alia flanko".
Tria eldono.
© Mondial. Novjorko, 2017.
www.librejo.com
Ilustraĵoj: © Detlev Blanke
ISBN 9781595693525
Library of Congress Control Number: 2007926317

Antaŭrimarkoj

La teksto de ĉi tiu broŝuro estas iom prilaborita versio de eseo, kiu aperis en "Sennacieca Revuo" (SAT) kaj "Le Travailleur Espérantiste"[1] (FET).

Mi supozis, ke la publikigo provokos grandajn polemikojn. Sed ne: Je mia miro ne venis iuj apartaj reagoj de legantoj. Ĉu jam ĉio estas forgesita? Ĉu tiu unika etapo en la historio de la Esperanto-movado ne plu interesas? Ĉu ĝenerale oni konsentas pri mia prezento? Tion mi apenaŭ povus kredi.

Mi ja supozis, ke almenaŭ kelkaj homoj el la orienteŭropaj landoj vidis siajn proprajn spertojn konfirmitaj aŭ malkonfirmitaj. Mi same supozis, ke esperantistoj de la "okcidenta flanko" havos siajn argumentojn.

Kelkaj esperantistoj en personaj komunikoj tamen esprimis sian opinion. Aparte al *Vilmos Benczik* mi dankas pro liaj rimarkoj, kiuj helpis min ripari unu gravan eraron: Ellaborante la unuan version mi simple forgesis konsideri lian brilan studon "Esperanto kaj molaj diktaturoj", kiu en 1990 aperis en unu el la lastaj numeroj de tiu ĉi unika "Hungara Vivo". Tio ankaŭ validas por similtema studo de *Árpád Rátkai* ("La longa marŝo de la movado en Orienta Eŭropo"). Laŭ mia scio ambaŭ hungaroj estas la solaj el la siatempe gvidaj rondoj, kiuj klopodis resumi kelkajn specifajn aspektojn pri la movado "sur la alia flanko". Mi do bezonis la distancon de pli ol jardeko, por formuli mian rigardon al la temo.

Ankaŭ *Ulrich Lins* al mi sendis siajn rimarkojn kaj kelkajn precizigojn, pro kiuj mi dankas al li.

Pola esperantisto riproĉis min, ke mi prezentas la problemojn ne de interne (do el la vidpunkto de movadanoj kun siaj eventuale aliaj vidpunktoj kaj konfliktoj) sed de ekstere (do el la vidpunkto de la gvidebeno).

---

[1] "Sennacieca Revuo" N-ro 130–131 (2002–2003), p. 15–28 (kun korekto en "Sennaciulo" 130–131). "Le Travailleur Espérantiste", 2002: Nr. 264 (Septembro–Oktobro), p. 9–14, 2003 : Nr. 265 (Januaro), p. 5–8, Nr. 266 (Majo), p. 7–12, Nr. 267 (Julio), p. 5–8, Nr. 268 (Decembro), p. 5–10.

Tiu ĉi riproĉo principe estas prava. Sed ĝuste tiu gvidebeno estis la mia, kvankam mi ĉiam klopodis ne perdi la kontakton al la membroj kaj grupoj, ofte vizitis distriktajn kaj subdistriktajn organizaĵojn kaj aktivis en la orientberlinaj grupoj.

Mi do invitas ne nur miajn kolegojn el la iamaj estraroj de la orienteŭropaj asocioj, sed ankaŭ la "simplajn" membrojn, verki pri siaj spertoj kaj opinioj.

Diskuto kun juna *germana esperantisto*, kiu iam aktivis en la junularaj medioj de GDREA, al mi montris, ke kelkaj fenomenoj ne aŭtomate estis senpere kompreneblaj. Mi ne ĉiam pri tio konsciis. Evidente tia kompreno estas afero de informiteco, ne ĉiam supozenda, kaj de sociaj spertoj, akireblaj nur dum jardekoj.

Li ekz. demandis min, kial ni, la movadaj funkciuloj, ne jam pli frue malferme parolis aŭ skribis pri la persekutoj de sovetiaj esperantistoj. Aŭ kial ili, la viktimoj, mem ne verkis pri tio.

Li ankaŭ ne komprenis, kial mi tiom alte taksas kelkajn iamajn veteranojn (en la teksto mi mencias kelkajn). Mi klopodis doni certajn respondojn. Mi konscias, ke ili verŝajne ne kontentigas ĉiun. Eble necesus pli ampleksa studo.

En GDR mi havis la agrablan eblecon kunlabori kelkajn jarojn kun la eldonanto de la broŝuro, *Ulrich Becker*, la gvidanto de la eldonejo Mondial. Pro tio mi aparte ĝojis pri lia invito, prilabori kaj publikigi la tekston.

Ju malpli oni analizas tiun apartan historian etapon (1945–1989), des pli ekzistas la danĝero, ke gravaj faktoj falos en la grizecon de la forgeso. Ankaŭ eblas falsadoj kaj unuflankaj nigrigoj, kiel oni jam plurfoje devis konstati.

Do, mi esperas, ke la teksto ne nur invitas al diskuto sed ankaŭ stimulos aliajn kolegojn skribi pri la sama temo. Ja estas vero: Kiu ne konas la historion, tiu ne komprenos la nuntempon.

Berlin, aprilo 2004
Detlev Blanke

Pri la dua eldono

En la antaŭrimarkoj por la unua eldono mi iom plendis, ke la teksto, jam antaŭe publikigita en du revuoj, ne provokis iun eĥon. Tio ŝanĝiĝis post la apero de la broŝuro[2]. Mi notis 7 diversprofundajn recenzojn, krome diskutojn provokitajn de la broŝuro . Substrekante, ke mi ne posedas la kompletan veron kaj supozante ke tio ankaŭ validas por recenzantoj, mi estas tute kontenta pri la eĥo. Kompreneble mi nur povis prezenti miajn vidpunktojn, ĉefe el la gvidebeno, kaj esperas, ke aliaj kompetentuloj verkos pri diversaj aspektoj de mi ne tuŝitaj kaj, ekzemple, pli konsideros la bazon de la movado. Ili korektu, kompletigu, kritiku. En la dua eldono mi nur faris kelkajn korektojn. Utilajn atentigojn mi ricevis de Gerd Bussing, Wim Jansen, Ulrich Lins, Vladimir Samodaj kaj Anatolo Sidorov. Mi dankas al ili kaj klopodis konsideri la sugestojn.

Ĉar la broŝuro povas esti nur mankohava skizo mi esperas iam trovi la forton kaj tempon por fari el ĝi multe pli kompletan kaj ampleksetan libron. Tio ŝajnas despli necesa, ĉar ne mankas unuflankaj kaj konscie negativaj prezentoj pri la "alia flanko" de neinformitaj kaj supraĵaj "historiistoj", sen io ajn kompreno pri la specifeco de la afero, kiel pruvas la lasta germanlingva libro de Marcus Sikosek (Die neutrale Sprache [la neŭtrala lingvo], Bydgoszcz 2006).

Denove dankon al Ulrich Becker kaj Mondial pro la modela eldono de la teksto.

Berlin, aprilo 2007
La aŭtoro

---

[2] *Esperanto aktuell* 6/2004, p. 19 (Rudolf Fischer); *Monato* 12/2004, p. 28 (Donald Broadribb); 3/05, p.6 (DB); *Internaciisto* 6/2005 (Luis Serrano); *Esperanto* 10/2005, p. 10 (Ulrich Lins); *La Ondo de Esperanto* 11/2005, p. 19 (Walter Żelazny) – kun reagoj en 12/05, p.17 (DB, Werner Pfennig), 2/06, p. 14-15 (Zbigniew Galor), 3/06, p. 14-15 (Walter Żelazny); *Language Problems & Language Planning* 30 (2006)1, p. 75-77 (Humphrey Tonkin) kaj en *Scienco kaj Kulturo* 2/2006, p. 11-12 (Anatolo Sidorov). En Sennaciulo ne aperis recenzo; sed leginto de la broŝuro ekigis diskuton pri la malmeritoj de Blanke kaj la malaperinta GDR: 8-9/04, p. 125 (William Simrock); 12/04, p. 172 (DB); 2/05, p.24 (Simrock); 3/05, p. 44 (DB); 4/2005, p. 62 (Cezar=Hans-Georg Kaiser); 5/05, p.76 (DB); 6/05, p. 86-87 (Vlado Sládeĉek, Werner Pfennig); 2/06, p. 28 (Vlastimil Koĉvara). Komentis pri la diskuto Florian Bociort en *Scienco kaj Kulturo* 3/2005.

Enhavo

1	Enkonduko	9
1.1	La temo	9
1.2	La aŭtoro	11
2	Laborista Esperanto-movado	17
2.1	Esperanto – politika instrumento	17
2.2	Pri la skismo en la laborista Esperanto-movado	22
3	Persekutoj sub Hitler kaj Stalin	26
4	Esperanto en orienteŭropaj landoj	30
4.1	Rekomenco	30
4.2	Kelkaj faktoroj influaj al la soclanda movado	32
4.3	La famaj Konsultiĝoj	42
4.4.	Kelkaj problemoj kaj tabuoj	49
4.5	Pri la "komunista puĉo" kontraŭ Ivo Lapenna	53
4.6	Kelkaj atingoj	56
5	Konkludoj	58
6	Mallongigoj	59
7	Literaturo	60

1 Enkonduko

1.1 La temo

La sekva teksto baziĝas je prelegmaterialo, kiun mi nur parte povis prezenti kadre de la Studtago "Esperanto kaj Ideologio", okazigita de la Esperanto-Klubo "La Progreso" en Gent/Belgio, la 20-an de oktobro 2001. La aranĝantoj volis diskutigi la ebleojn de politika peresperanta agado en la nuna tempo, laŭ mi grava kaj pludisktutenda temo, des pli ĉar la fino de la malvarma milito ebligas pli facile diskuti ol antaŭe. Kaj tio laŭ mi necesas, ĉar aperis novaj minacoj, kiuj ankaŭ postulu la starpunkton de esperantistoj.

Laŭ la peto de la organizintoj dum mia prelego mi aparte prezentis kelkajn faktojn el la historio de la Laborista Esperanto-Movado (sekve LEM), kiuj montris la efikan politikan aplikon de Esperanto kaj traktis pri la persekutoj sub *Hitler* kaj *Stalin*. Mankis sufiĉe da tempo por adekvate prezenti la trian planitan temon, pri kiu mi sentis min pli kompetenta: la specifaĵoj de la movado en eŭropaj socialismaj landoj[3], kies aktivadojn mi partoprenis kiel membro en gvida pozicio. Kompreneble mi konscias, ke esperantistoj

---

[3] Skribante pri "la socialismaj landoj" mi aparte celas tiujn, kies movadon mi sufiĉe bone konis kaj kun kies aktivuloj mi tenis regulan kontakton: Bulgario, Ĉeĥio kaj Slovakio (= la iama Ĉeĥoslovakio), Hungario, Pollando kaj Sovetunio. La asocioj de tiuj landoj kune kun GDREA formis la ĉefan parton de la famaj Konsultiĝoj. Aldoniĝis bonaj kontaktoj kun la organizaĵoj en Kubo kaj Vjetnamio.

Cetere, ĉi-tie ne estas la loko por rezoni pri tio, ĉu vere temis pri landoj *socialismaj*. Tio multe dependas de tio, kion oni siatempe komprenis sub 'socialismo' kaj kiel oni nuntempe rekonsideras la koncepton. Nuntempe mi opinias – kontraste al miaj tiamaj fortaj konvinkoj – ke ne vere temis pri socialismaj landoj. Oni tamen laŭ mi devas koncedi, ke ekzistis provoj realigi gravajn elementojn de socialisma sociordo. Ili foje estis relative sukcesaj, kiel al mi montras la jam 14 jarojn spertita kaj spertata ĉiutaga kapitalismo. Estus bone ankaŭ vidi tion kaj ne nur la sendube katastrofan finon.

el aliaj "soclandoj"⁴ diversajn aferojn eventuale interpretus alie, kaj supozeble tio ankaŭ validas por observintaj okcidentaj esperantistoj. Mi do prezentos mian propran vidpunkton kaj klopodas meti ĝin en la siatempan historian kadron.

Por kompreni la tiaman situacion, ankaŭ necesas iom trakti pri LEM kaj pri la persekutoj, ĉar ambaŭ temoj influis la postmilitan movadon en la menciita regiono.

La internaciskala kaj politika utiligo de Esperanto en la laboristmovadaj medioj tute principe al la Esperanto-movado donis fortajn puŝojn, disvastigis la lingvon en laboristaj kaj maldekstraj rondoj, el kiuj poste venis personoj, kiuj ludis gravan rolon en la socioj de la soclandoj kaj en la tiea Esperanto-movado, aparte en Bulgario, GDR, Hungario, Jugoslavio⁵ kaj – kvankam nur tre limigite – ankaŭ en Sovetunio.

Ĉar LEM evoluigis fortajn politikajn kaj ideologiajn aktivaĵojn, tio donis pretekstojn, krude persekuti la adeptojn de la Internacia Lingvo flanke de Hitler kaj de Stalin.

La persekutoj disbatis parton de la lingvo-komunumo, rezultigis la murdon de unuarangaj intelektuloj kaj aktivistoj kaj detruis multajn materiajn rimedojn. Ili kreis grandan vakuon en la historio de la movado en tiu regiono, kie post la Dua Mondmilito fondiĝis la orienteŭropaj soclandoj, ĉar eĉ post la venko super la faŝismo la persekutoj sub Stalin ankoraŭ daŭris. Iliaj postefikoj en kelkaj landoj ankoraŭ longe estis senteblaj.

---

⁴ Kiel konvenan mallongan esprimon, kvankam kritikita kiel 'malbela', por "socialismaj landoj" mi uzos "soclandoj", kiun mi komence de la 70-aj jaroj verŝajne aŭdis unuan fojon de Andrzej Grębowski el Bydgoszcz/Pollando.
⁵ Jugoslavio bedaŭrinde ne apartenis al tiuj landoj, kun kiuj ni havis regulajn kontaktojn. Tio estis reflektiĝo de la tiama politika situacio. La tiean movadon, konata pro bona kvalito, mi tro malbone konas kaj pro tio ne mencios en mia eseo.

La trakto de tiu ĉi temo al mi ŝajnas grava i.a. pro tio, ĉar post la falo de la Berlina Muro kaj la kolapso de la orienteŭropa soclanda sistemo ne mankas provoj dubindigi, misfamigi kaj falsadi aspektojn de la tiuregiona movado[6], flanke de homoj, kiuj ne partoprenis ĝin kaj ne komprenas la delikatajn problemojn ligitajn al ĝi. Tion mi ne povas akcepti. Sed tio neniel signifu, ke ne eblas alpreni kritikan starpunkton pri diversaj aspektoj de tiu movado. Ja hodiaŭ ni ĉiuj estas pli saĝaj.

1.2. La aŭtoro

Pro la traktata temo eble estus utile ion scii pri la aŭtoro de ĉi-tiu artikolo. Mi plenkreskis en Germana Demokratia Respubliko (GDR) kaj volonte laboris por tiu ŝtato, ĉar mi vidis en ĝi alternativon. Laŭ la vidpunkto de iuj tio eble estis naiva. Sed mi ne hontas pro tio, konante nun la alian sociordon. Kompreneble, neniam mi estis tiom stulta por ne vidi gravajn kontraŭdirojn, mankojn kaj kritikindaĵojn en GDR – kvankam pri multo vere ŝoka oni nur post 1989 eksciis –, sed mi esperis kiel multaj aliaj, ke tiuj mankoj malaperos dum la ŝanĝiĝanta historia evoluo. Sed la historio tiom ŝanĝiĝis, ke malaperis tuta grupo da ŝtatoj, inter ili GDR.

De 1949 ĝis 1965 en GDR ne ekzistis oficiala Esperanto-movado. Mi eklernis Esperanton kiel gimnaziano en la jaro 1957 kaj volis doni mian kontribuon al la restarigo de la movado en GDR. Mi kontaktis multajn iamajn laboristajn kaj alitendencajn esperantistojn kaj multe lernis de ili.

---

[6] Kp. la kontribuojn de Marcus Sikosek en "La Ondo de Esperanto" 2/99 kaj "Esperanto aktuell" 2/99, la reagojn de Werner Pfennig kaj D. Blanke en "La Ondo de Esperanto" 4/99, la reagon de Dirk Bindmann en "Esperanto aktuell" 3/99 kaj la belegan satiron de Ulrich Becker pri "la ĉiutaga vivo de GDR-esperantisto" en "Esperanto aktuell" 7/99.
La kontribuoj estas represitaj en Blanke 2003b, p. 177-185.

Jam frue min aparte fascinis la historio de LEM, i.a pro tio, ĉar ĝi al mi ŝajnis multe pli dinamika ol la t.n. neŭtrala movado. Mi havis la ŝancon konatiĝi kun vere imponaj personoj, kiuj laŭ mi estis komunistoj en la plej pozitiva senco de la vorto. Ili estis alte edukitaj, disponis pri multflanka scio kaj vivo-spertoj, i.a. batalis kontraŭ faŝismo, luktis por siaj idealoj, riskis sian vivon, estis en prizonoj kaj en koncentrejoj. Ili grave influis mian politikan mondkoncepton kaj plifortigis mian entuziasmon por Esperanto. Kaj ili daŭre havas mian estimon. Al tiuj personoj i.a. apartenas la jam forpasintaj germanoj *Otto Bäßler* [7] (Leipzig), *Rudi Graetz* [8] (Rostock/Berlin) kaj *Ludwig Schödl* [9] (Neuruppin), krome *Werner Habicht* [10] (Walter-

---

[7] *Otto Bäßler* (1887–1981), presisto, iama membro de Komunista Partio de Germanio (KPD), ludis gravan rolon en Germana Laborista Esperanto-Asocio (GLEA) kaj en SAT. Li apartenis al la ĉefaj aktivuloj, kiuj kreis IPE. Bäßler apartenas al la fondintoj de la oficiala Esperanto-organizaĵo en GDR.

[8] *Rudi Graetz* (1907–1977), komercisto, iama membro de SPD, poste de KPD, dum la dudekaj jaroj estis prezidanto de la filio de GLEA en la nordgermana lando Meklenburgio. Post 1945 li fariĝis diplomato kaj gvidis komercajn reprezentejojn de GDR en Islando kaj Danio. Graetz apartenis al la fondintoj de CLE kaj estis ties unua prezidanto.

[9] *Ludwig Schödl* (1909–1997), instruisto, iama membro de KPD, apartenis al la fondintoj de IPE kaj post 1945 estis direktoro de gimnazio, kiu dum la 50-aj jaroj, do longe antaŭ la oficialigo de Esperanto en GDR, pro siaj peresperantaj internaciaj kontaktoj eĉ estis distingita per la nomo "Lernejo de la paco". Schödl energie luktis por Esperanto kaj i.a. fariĝis membro de la (centra) Packonsilantaro de GDR. Li verkis la unuan lernolibron en GDR. Li apartenas al la fondintoj de CLE kaj estis ties vicprezidanto.

[10] *Werner Habicht* (1909–1993), oficisto, iama membro de KPD, estis laborista esperantisto en la germana lando Turingio. Post 1965 li estis prezidanto de distrikta organizaĵo Erfurt de GDR kaj apartenis al la centra estraro de GDREA. Notindas, ke post la morto de Habicht (1993) oni prezentis en la jaro 1994 materialojn el lia riĉa laboristmovada kolekto en la urba muzeo de Gotha. Tute surpriza okazaĵo en la nova politika medio.

shausen), *Paul Köster*[11] (Rostock), *Werner Plate*[12] (Rostock), *Robert Stoll*[13] (Rostock), sed ankaŭ la ankoraŭ vivantaj *Ino Kolbe*[14] (Leipzig) kaj *Ernst Diedrich*[15] (Warin).

Al tiuj personoj, aparte gravaj por mi, mi ankaŭ kalkulas el la eksterlando la bulgaron *Nikola Aleksiev*[16], la hungaron *Béla Berceli*[17], la ruson *Semjon*

---

[11] *Paul Köster* (1910–1998), ŝipkonstruisto, iama membro de SPD, estis unu el la unuaj laboristaj esperantistoj, kun kiuj mi konatiĝis kiel studento en Rostock. Dum la jaroj 1931–33 li migris per Esperanto tra eŭropaj landoj kaj pri tio verkis ampleksan manuskripton. En 2002 Ralf Kuse publikigis multrimedan kompaktdiskon pri la migrado de Köster.

[12] *Werner Plate* (1913–2001), inĝeniero, iama membro de KPD, laborista esperantisto en Rostock antaŭ 1933, ekde 1968 estis la ĉefa motoro de la reorganizita movado en la GDR-distrikto Rostock.

[13] *Robert Stoll* (?–1972), iama membro de KPD, estis laborista esperantisto en Rostock, unu el miaj unuaj konatoj el LEM, kiu grave helpis restarigi la movadon en la norda parto de GDR.

[14] *Ino Kolbe* (1914–), korektistino en eldonejo, vivas en Leipzig, estas la filino de *Reinhold Voigt* (1885–1969), kiu estis kunfondinto de GLEA en la jaro 1911 en Leipzig. Ŝi publikigis libron pri la historio de LEM en Leipzig (vidu Kolbe 1996) kaj multe helpis korektante manuskriptojn kaj ellaborante registrojn kaj indeksojn por plej diversaj publicaĵoj.

[15] *Ernst Diedrich* (1909– 2005), instruisto, vivis en la nordgermana urbeto Warin, laborista esperantisto, iama membro de KPD, unu el la unuaj kaj gravaj kontaktpersonoj por mi kiel gimnaziano (pri lia vivo kp. la artikolon de Till Dahlenburg en Esperanto aktuell 6/2005, p. 6).

[16] *Nikola Aleksiev* (1909–2002), ĵurnalisto (kp. la funebrajn artikolojn en Esperanto 10/02, p. 204 kaj la korekton en 11/02, p. 238 ; Le Travailleur Espérantiste Nr. 263/02) kunfondinto de Bulgara Laborista Asocio en 1930, komunisto, partia kaj sindikata funkciulo, multe agadis por la reorganizado de la Esperanto-movado en Bulgario, estis dum multaj jaroj prezidanto de BEA kaj de MEM, honora membro de UEA.

[17] *Béla Berceli* (1905–1986), generalo en la hungara armeo, frato de Vilmos Bleier, estis dum la 60-aj kaj 70-aj jaroj ĉefsekretario de HEA. Li iniciatis la serion de Konsultiĝoj.

Naumovič Podkaminer[18], la briton *Bill Keable*[19] kaj la francon *William Gilbert*[20]. Kompreneble la listo estas malkompleta.

Substrekindas, ke mi lernis Esperanton helpe de la laborista esperantisto *Franz Tischer* (?-1973) el Magdeburg. Li estis mirindulo. Pro diversaj vivkondiĉaj kialoj al li eblis viziti lernejon nur dum 3 jaroj. Pro tio li ne kapablis skribi senerare eĉ unu etan germanan frazon. Sed li ja estis brila esperantisto kaj fariĝis mia esperantista mentoro, al kiu mi multon dankas.

Nur en 1965 la esperantista movado de GDR trovis sian oficialan kadron en prestiĝa kulturorganizaĵo, Germana Kulturligo (poste "Kulturligo de GDR"). Post honorofica agado de 1965–1968 en la norda regiono de GDR, kie mi kunrekonstruis la Esperanto-movadon (distrikto Rostock), mi fariĝis sekciestro por Esperanto en la Centra Oficejo de Kulturligo en Berlin kaj la sekretario de (unue) "Centra Laborrondo Esperanto en Germana Kulturligo" kaj (ekde 1981) "Esperanto-Asocio en Kulturligo de GDR" (internacie konatiĝinta per la mallongigo GDREA). Mi interalie redaktis "der esperantist" de 1969–1990 (ekaperinta

---

[18] *Semjon Naumovič Podkaminer* (1901–1982), profesoro pri aviada ekonomio, ludis aktivan rolon dum la dudekaj jaroj en SEU kaj SAT, estis la sekretario de la organiza komitato de la 6-a SAT-kongreso 1926 en Leningrad. Dum la dua milito li estis kolonelo kaj havis gravan rolon en la Leningrada Fronto. Post la milito li multe meritiĝis por la reorganizado de la Esperanto-movado en Sovetunio, vicprezidanto de ASE kaj de MEM.

[19] *Bill Keable* (1903–1994), ĵurnalisto, siatempe membro de la Brita KP, estis dum la 30aj jaroj certan tempon direktoro de *The Daily Worker*, prezidinto de Brita LEA, kunfondinto de IPE.

[20] *William Gilbert* (1911–), fervoja oficisto, loĝas en Tours/Francio, dum la 30-a jaroj aktivis en la Occidental-movado, verkis la libron "Planlingvaj problemoj", havis diversajn funkciojn en MEM, i.a. ĝenerala sekretario, vicprezidanto, ĉefredaktoro de "Paco".

de 1965) kaj la jarajn GDR-eldonojn de "Paco" 1970
– 1989 (ekaperinta de 1966)[21]. Kiel sekretario de
GDREA mi estis la sola, kiu havis la eblecon partopreni ĉiujn 22 konsultiĝojn de Esperanto-organizaĵoj
de soclandoj, de 1969 ĝis 1989, pri kiuj temos sube.

Mi agadis en la movado en GDR kaj en la internacia Esperanto-movado (aparte en MEM kaj en UEA).[22]
Krome mi aktivis sur scienca kampo, en GDR fondis la fakon interlingvistiko kaj ĝin enkondukis en la
sciencan pejzaĝon de tiu lando.[23]

Min ne nur sincere fascinis la historio de LEM
kaj ties aktivintoj, mi ankaŭ komprenis la taktikan
signifon de tiu historio por la refunkciigo de la
movado en GDR. Ĝi ja estis forta argumento kontraŭ stultaj asertoj pri "Esperanto kiel rimedo de
la reakcia kosmopolitismo" aŭ "lingvo de burĝa neŭtralismo". Kiel jam montris *Ulrich Lins* (1987a) kaj
Alberto Fernández (2002), la gvidaj teoriuloj de la
marksismo bedaŭrinde nenie sin pozitive esprimis

---

[21] La GDR-eldonoj de Paco 1966–1989 haveblas sur kompaktdisko.

[22] Mi estis membro de la Internacia Komitato de Mondpaca Esperantista Movado (MEM), 1975 –1994 kaj de la Komitato de UEA 1978–1998 (C-komitatano).

[23] Mi doktoriĝis 1976 kaj habilitiĝis 1985 pri esperantologia resp. interlingvistika temoj en Humboldt-Universitato de (orienta) Berlin, en 1988 nomumiĝis "Honoraria docento pri interlingvistiko" en la sama universitato, kie mi ankoraŭ prelegas. Post la unuiĝo de GDREA kun GEA, kiu cetere okazis en harmonia etoso kaj kiun mi partoprenis kiel libere elektita vicprezidanto de GDREA, mi daŭrigas la fakan agadon i.a. kiel membro de la estraro de Centro de Esploro kaj Dokumentado pri la Monda Lingvo-Problemo (CED), en 1991 fondis la germanlingvan sciencan Societon pri Interlingvistiko, estas membro de la redaktaj komitatoj de la revuoj "Language Problems & Language Planning" (LPLP) kaj "Esperanto Studies – Esperantologio" (EES). Krome vidu en Fiedler/Liu 2001, p. 9–14;681–725. Mia libro "Internationale Plansprachen" (Blanke 1985) kaj 12 pliaj studoj aperis kiel kompaktdisko (sume 900 paĝoj). Pri mia lasta libro vidu Blanke 2006.

pri la ideo de internacia lingvo kaj kelkaj eĉ klare kontraŭstaris ĝin. La politika laboristmovada Esperanto-praktiko tamen estis ne facile ignorebla fakto kaj konvinka argumento por la repermeso de la movado. Ankaŭ pro tio mi pli profunde okupiĝis pri la temo.[24] Lastatempe mi klopodis montri la rolon de la tradicioj de LEA en GDREA kaj la problemojn ligitajn al tio (vd. Blanke 2003a).

Do, ne mirige, ke post la politikaj ŝanĝoj mi eksciis de grava eksfunkciulo de Kulturligo, ke ĝuste la LEM-tradicioj ludis gravan rolon en la debatoj de la Centra Komitato de SED[25] pri la repermeso de organizita movado en GDR.

Ankaŭ certaj postefikoj de la persekutoj sub Stalin daŭre devis esti konsiderataj. Des pli, ĉar la ekzemplo de Rumanio montris, ke – post kelkaj esperigaj evoluoj – sub certaj enlandaj kondiĉoj malpermesoj kaj negativaj sekvoj por aktivuloj ne estis nepenseblaj.

Ankaŭ la scienco ne estis intelekta memcelo. Krom la neceso esplori la aspektojn de Esperanto, scienca agado en diversaj landoj ankaŭ donis prestiĝon al Esperanto. Do interplektiĝis praktika kaj scienca agadoj, strategio kaj taktiko.

Fine mi volas substreki, ke malgraŭ la nun necesa kritika konsidero de ĉio farita, mi siatempe estis konvinkita pri la pravo de miaj ideoj kaj faroj. Kun la siatempa scio kaj sub similaj kondiĉoj mi principe same refarus mian laboron.

---

[24] Vidu i.a. Blanke 1986a; 1993a,b; Kolbe 1996.
[25] Sozialistische Einheitspartei Deutschlands (SED, Socialisma Unuiĝinta Partio de Germanio), la gvida partio en GDR.

2 Laborista Esperanto-movado

2.1 Esperanto – politika instrumento

Per la historio de LEM eblas aparte bone montri la rolon, kiun Esperanto povas ludi kiel politika instrumento kaj ankaŭ la problemojn, kiuj estas ligitaj al tio. La spertoj de LEM kaj la agado de aro da ĝiaj aktivintoj influis la evoluon de la movado en la soclandoj, kvankam malsamintensive.

Tio rilatis jenajn faktorojn:

– La labormetodoj de LEM, la multaj rilatoj inter diverslandaj proletaj esperantistoj al sovetiaj esperantistoj, la intensivaj korespondaj ligoj, la eldonagado kaj gazetara servo k.a. principe montris la socian utilon de Esperanto ankaŭ por la soclandoj. La ĉi-rilatan historion oni aparte bone prilaboris en Bulgario (vidu Aleksiev 1980; Jankova-Bojaĝieva 1983) kaj en Hungario (kp. Barna 1986), krome kompreneble ankaŭ en GDR.

– Komunistaj esperantistoj el la tempo de LEM, kiuj post la skismo en la laborista movado grandparte membriĝis en Internacio de Proleta Esperantistaro (IPE), havis parte gravan influon en la postaj soclandoj kaj transprenis gvidajn funkciojn en la Esperanto-movado.

Mi volas rememorigi nur kelkajn faktojn:

Kiel konate, jam antaŭ la Unua Mondmilito fondiĝis unuaj grupoj de laboristaj esperantistoj, kiuj kadre de la 2-a Universala Kongreso en Ĝenevo iniciatis la fondon de "Internacia Asocio Paco-Libereco". En la jaro 1910 ĝi ŝanĝis sian nomon al "Liberiga Stelo". La celoj de la asocio i.a. estis batalo kontraŭ militarismo kaj kapitalismo kaj la disvastigo de Esperanto inter la politike engaĝita laboristaro, aparte en la rondoj de socialistoj. Lige al tiuj fruaj aktivadoj aperis konsiderinda materialo, aparte la verŝajne unua maldekstra revuo, la "Internacia Socia Revuo". Ĝi aperis de 1906 – 1914, kaj ŝajne estis provo refondi ĝin en al jaro 1920. La revuo meritus detalan analizon.

La evoluo de LEM estis haltigita de la Unua Mondmilito, kaj nur post ĝi ekis vere impresa evoluo. Fondiĝis Sovetunio kaj vaste regis granda espero pri ebleco krei socialisman sociordon, kiu devus esti pli justa kaj paca ol la militojn generinta kapitalismo.

Je la iniciato de la franco *Eugène Lanti* en la jaro 1921 fondiĝis Sennacieca Asocio Tutmonda (SAT). SAT rapide evoluigis multflankan aktivadon, okazigis kongresojn, eldonis revuojn kaj literaturon kaj kunlaboris kun multaj naciaj laboristmovadaj Esperanto-asocioj.

Sub malfacilaj materiaj kondiĉoj jam en 1921 en Sovetunio fondiĝis esperantista organizaĵo sub la nomo "Sovet-respublikara Esperantista Unio" (SEU), kies detala historia priskribo ankoraŭ mankas. Ĉe Lins (1988, 190–257) troveblas multaj faktoj, kvankam ofte aparte sub la aspekto de la persekutoj. Dum malmultaj jaroj ĝi tre fortiĝis kaj montris konsiderindan aktivadon, kelkrilate eĉ unikan, kio ne estus imagebla sen ŝtata subteno. Aperis en la rusa kaj en Esperanto revuoj, bultenoj kaj diversspeca literaturo. Pro kompreneblaj kialoj por la izolita nova ŝtato apartan rolon ludis propagandaj materialoj, kiujn oni ankaŭ aperigis en Esperanto (i.a. la serio "Komunista biblioteko", "La Vero pri Soveta Unio" en 10 000 ekz., "Sendiulo" t.e. esperantigo de la ateisma revuo "Bezbožnik" k.a.). Vasta reto de kursoj (i.a. en sindikatoj, uzinoj, lernejoj, universitatoj, eĉ en la Ruĝa Armeo), Esperanto-kluboj k.a. kreis fortan

Sovetrespublikara Esperantista Unio (SEU) dum la 20-aj kaj 30-aj jaroj i.a. eldonis la serion Komunista Biblioteko, en kiu aperis A6-formataj politikaj broŝuroj.

Esperanto-movadon, kiu estis gvidata centrisme kaj soveti-ideologie. Al la centraj figuroj apartenis *Ernest Drezen (1892-1938)*[26], *Georgij Demidjuk (1895-1985)*[27], *Vladimir Varankin (1902-1938)*[28] kaj *Nikolaj V. Nekrasov (1900-1938)*[29].

Esperanto evidente estis taksata kiel grava informilo pri Sovetunio. Radiostacioj emisiis programojn (en Heroldo de Esperanto dum la 20aj jaroj oni trovas la programojn i.a. de la stacioj Ĥarkov, Moskvo, Leningrado kaj Minsk). Gravan rolon ludis la internacia korespondado, ofte kolektive organizita inter sovetiaj kaj eksterlandaj grupoj.

Pro la nature granda intereso kiom eble plej multon ekscii pri la konstruado de la unua socialisma ŝtato en la iama cara Ruslando – kiom ajn seniluziigaj poste fariĝis la veraj faktoj – SAT kaj aliaj laboristaj Esperanto-Asocioj peris multajn kontaktojn al la esperantistoj en Sovetunio, publikigis materialojn pri la juna ŝtato. Baldaŭ SAT havis siajn plej multajn membrojn en Sovetunio (kaj en Germanio).

Esperanto fariĝis praktika politika instrumento. Ĝi ne nur grave helpis al konkretaj interlaboristaj kontaktoj sen lingva barilo, ĝi ankaŭ pruvis sian valoron en neesperantista medio.

---

[26] *Ernest Drezen* ne nur estis la gvidanto de SEU (ĝenerala sekretario) sed ankaŭ brila interlingvisto, kiu ĉi-kampe jam kalkuliĝas al la klasikuloj. Li krome estis unu el la ĉefaj pioniroj de la terminologio-scienco en Sovetunio, certagrade komparebla al *Eugen Wüster* (kp. Kuznecov 1991, p. 3–40).

[27] *Grigorij Demidjuk* estis la organiza sekretario de SEU kaj i.a. tradukis la verkon de Lenin "Ŝtato kaj Revolucio", post 1945 doktoro kaj profesoro pri teknikaj sciencoj. Mi havis la eblecon intervjui lin en la jaro 1982 (kp. Blanke 1984).

[28] *Vladimir Varankin* i.a. konatiĝis per esperantologiaj studoj kaj per la romano "Metropoliteno". Pri lia sorto sub Stalin kp. Stepanov 1990.

[29] *Nikolaj V. Nekrasov* estis grava membro de la Centra Komitato de SEU, redaktoro de revuoj (i.a. La Nova Epoko), esperantologo kaj tradukisto.

Unu el la ĉefaj aktivadoj estis la organizado de gazetaraj servoj, kiuj ekzistis meze de la dudekaj jaroj i.a. en Britio, Bulgario, Estonio, Francio, Germanio, Japanio, Nederlando, Pollando, Portugalio kaj Rumanio. Tiuj servoj tradukis nacilingven esperantlingvajn materialojn, ricevitajn de laboristaj esperantistoj, aŭ artikolojn el la multspeca internacia laboristmovada Esperanto-gazetaro. La materialoj aperis en nacilingvaj gazetoj.

La gazetaran servon de GLEA certan tempon gvidis *Otto Bäßler*, kiu ludis gravan rolon ne nur en GLEA, sed ankaŭ en SAT kaj poste en IPE kaj en GDREA. En 1928 la gazetara servo aperigis 1158 kaj en 1929 1738 artikolojn en sindikataj, partiaj kaj aliaj germanaj gazetoj (Kolbe 1996,II, 28).

Kiom eltroviĝemaj estis *Bäßler* kaj aliaj laboristaj esperantistoj el Leipzig, montras jena ekzemplo:

Kiam en la germanaj landoj Saksio kaj Turingio fine de 1923 estis malpermesita la komunista gazeto "Sächsische Arbeiter-Zeitung", SAZ (Saksa Laborista Gazeto), la laboristaj esperantistoj *Otto Bäßler* kaj *Walter Kampfrad* el Leipzig sukcesis preter la cenzuro establi germanlingvan grandformatan gazeton "Völkerspiegel" (Spegulo de Popoloj), kies artikoloj estis tradukaĵoj el esperantlingvaj raportoj kaj materialoj, ricevitaj de proletaj korespondantoj el la tuta mondo. La gazeto aperis de januaro ĝis oktobro 1924 en 16 eldonoj kaj estis distribuita per la kutimaj distribuservoj al la abonintoj de SAZ.[30]

La diverstendencaj laboristaj esperantistoj ofte sukcesis establi kunlaborajn rilatojn kun aliaj prole-

---

[30] Ke la klare komunista-tendenca gazeto povis aperi, verŝajne ankaŭ dankindas al la ne tute akraj okuloj de la altranga policisto *Paul Teuchert*, kiu servis en Leipzig kaj estis esperantisto. Krome helpis ekspertizo de la direktoro de la Saksa Esperanto-Instituto, prof. *Johannes Dietterle*, kiu substrekis la neŭtralan karakteron de Esperanto. Pri la revuo kp. Blanke 1988; Kolbe 1996,I, 44–54.

taj organizaĵoj (ekz. kun radioamatoroj, sportistoj, fervojistoj, liberpensuloj) kaj kun diversaj politikaj partioj.

2.2. Pri la skismo en la laborista Esperanto-movado

Aparte la konfliktoj inter komunistoj kaj socialdemokratoj, kiuj multe koncernis la sintenon al Sovetunio, baldaŭ ankaŭ trovis sian reflekton en LEM. La sekvoj de tiuj konfliktoj ankaŭ havis influon en la soclandaj Esperanto-asocioj. Mia siatempe certe unuflanka rigardo al SAT ŝuldiĝas al tiu influo. La konflikton puŝis klopodoj, aparte flanke de sovetiaj kaj germanaj komunistoj, ligi SAT al KOMINTERN. Aldoniĝis seniluziiĝoj pro la kontrasto inter la idealiga sovetia propagando kaj la reala situacio en la landego mem.

La ĉi-rilataj konfliktoj en multaj landoj kaŭzis skismon en LEM. Ĉefe fondiĝis socialdemokrati-tendencaj kaj komunistaj grupoj, krome kelkaj aliaj. Post la skismo GLEA restis ĉefe komunisme tendenca. En Germanio tiu situacio aparte draste reflektiĝis en Saksio. Leipzig estis urbo kun granda signifo por la internacia kaj germana LEM kaj por SAT. Ankaŭ en GDREA Leipzig denove ludis gravegan rolon kun multaj bonkvalitaj aktivaĵoj[31]. En Leipzig 1924–1933 i.a. estis la redakcio de Sennaciulo kaj la administrejo de SAT, krome tie aktivis kelkaj pintaj aktivuloj de SAT (kp. Kolbe II, p. 34–35).

Klaran bildon pri la konfliktoj inter socialdemokrataj kaj komunistaj esperantistoj spegulas la tre malsamaj raportoj, kiujn oni povis legi pri samaj eventoj sur la paĝoj de la ĉefaj saksaj gazetoj, la socialdemokrata "Leipziger Volkszeitung", LVZ (Popola Gazeto de

---

[31] Tion bone dokumentis Rolf Beau en kvinvoluma verko "Esperanto in und um Leipzig 1945–1991".

Leipzig), kaj la jam menciita komunista "Sächsische Arbeiter-Zeitung", SAZ. Tie oni trovis ampleksajn artikolojn pri la SAT-kongresoj 5-a (1925, Vieno), 6-a (1926, Leningrado), 8-a (1928, Göteborg) kaj aparte pri la 9-a (1929, Leipzig).

Bedaŭrinde la malbonefikaj reciprokaj kalumnioj, kiuj multis inter la germanaj socialdemokratoj kaj komunistoj, ankaŭ troveblas en tiuj materialoj: La komunistoj i.a. estis "lakeoj de Moskvo" kaj la socialdemokratoj "socialfaŝistoj".

En la jaro 1930 en SAT fondiĝis opozicio, kiu samjare ekeldonadis la gazeton "Internaciisto" kaj fondis la eldonejon "Eldonkooperativo por Revolucia Esperanto-Literaturo" (EKRELO). En 1932 en Berlin fondiĝis la marksisme orientita Internacio de Proleta Esperanistaro (IPE)[32] En la jaro 1933 en Vieno la estonta aŭstra ĉefurbestro kaj posta prezidento *Franz Jonas* fondis la "Internacion de Socialistaj Esperantistoj" (ISE)[33]. Ambaŭ organizaĵoj forprenis multajn membrojn de SAT, kiu tamen daŭrigis eldoni siajn periodaĵojn kaj okazigi siajn kongresojn.

Kvankam la skismo malfortigis LEM, dum la unuaj jaroj kun la helpo de sovetiaj kaj alilandaj esperantistoj dum mallonga tempo IPE havis relative intensivan, kvankam komplikan vivon kontraste al ISE, kiu neniam vere ekfunkciis.

Aparte menciindas la aktiva eldonagado de EKRELO, kiu inter 1930–1939 eldonis ĉ. 70 titolojn, inter ili 22 pri la socialisma konstruado en Sovetunio, 17 tradukitajn beletraĵojn, dek origina-

---

[32] Pri ties historio kp. la iom malsamtendencajn artikolojn de Lins (1987b) kaj Blanke (1986b). La materialo de Schwarz (1992) donas bonan rigardon en la diskuton laŭ la vidpunkto de IPE, sed mankas precizaj fontindikoj.
[33] Pri ISE kp. Lins 2001, p. 58.

laĵojn, dek pri marksisma-leninisma teorio, sep pri interlingvistiko (i.a la famajn titolojn de *Ernest Drezen* "Historio de la Mondolingvo", "Analiza historio de Esperanto-movado"). Laŭ informoj, kiujn mi ricevis de la siatempa gvidanto de EKRELO, *Walter Kampfrad* (1901–1980) en Leipzig, la librojn oni presis en Moskvo. La internacian disvendadon (libroservo) aranĝis Kampfrad. Por la enspezita mono li aĉetis skribmaŝinojn kaj litertipojn por moskvaj presejoj. La Komunista Partio de Germanio havis intensajn ligojn al Sovetunio kaj ofte sendis delegaciojn al Moskvo. Helpe de tiuj KPD-ligoj li kontrabandis la materialon al Moskvo (kp. Blanke 1991a). En 1932 aperis reklamilo kun la informo, ke aperos en Esperanto elektita verkaro de Lenin en 16 volumoj. La unuaj volumoj eĉ estis anoncitaj por 1933. Sed neniu volumo aperis. Ĝis nun ekzistas neniu informo pri la sorto de la manuskriptoj. En 1933 *Walter Kampfrad* estis arestita kaj metita en la koncentrejon Colditz. Post la milito li laboris en GDR kiel prokuroro en Leipzig, sed ne plu sin engaĝis por Esperanto. Verŝajne li apartenis al tiuj, kiuj ne fidis al la plena rehonorigo de Esperanto en GDR kaj preferis ne plu aktive engaĝi sin por la lingvo. Ankaŭ *Otto Bäßler* reaktiviĝis nur tiam, kiam ne plu estis danĝere konfesi sian esperantistecon.

Plena protokolo de "Kongreso de la SAT-opozicio kaj klasbatalaj LEA-oj", 5.8.1931 en Amsterdamo (Berlin: Internaciisto, 1931, 92 p.)

3   Persekutoj sub Hitler kaj Stalin

La historio de la persekutoj estas detale prezentita de *Ulrich Lins* (1988)[34]. Do mi limigos min al kelkaj rimarkoj.

Malbelan pruvon por tio, ke la Esperanto-movado reflektas pli malpli ĉiujn ideologiajn tendencojn bedaŭrinde liveras la germana historio. Jam antaŭ la potencakiro de la nazioj, en 1931 la esperantisto *Herbert Wohlfahrt*,[35] funkciulo de SA[36], fondis organizaĵon kun la nomo "Neue Deutsche Esperanto-Bewegung", NDEB (Nova Germana Esperanto-Movado). La intencitan adjektivon "nacisocialista" la nazioj ne permesis. La celo de NDEB estis, meti Esperanton en la servon de la faŝisma Nacisocialisma Germana Laborista Partio. NDEB eldonis gazeton kun ofte naziideologiaj materialoj kaj klopodis transpreni la potencon de GEA, sed ne sukcesis. Finfine 1936 sekvis la malpermeso por ambaŭ organizaĵoj, fakte ili devis "libervole dissolviĝi".

Sed ankaŭ ekzistas pozitivaj ekzemploj. Dum la unuaj jaroj post la potencpreno de Hitler laboristaj esperantistoj ankaŭ utiligis Esperanton por informi la eksterlandon pri la situacio en Germanio. Nur en 1971, okaze de mia partopreno en la 56-a Universala Kongreso en Londono, de la iama IPE-aktivulo *Bill Keable* mi ricevis kelkajn kamuflitajn broŝurojn, kiujn 1933 produktis la germana IPE-aktivulo *Ludwig*

---

[34] En Moskvo aperis dua esperanta eldono kun postparoloj de *Sergej N. Kuznecov* kaj de mi (Lins 1990, p. 532–552). Ruslingva eldono de la libro intertempe ankaŭ aperis en Rusio.
[35] *Herbert Wohlfahrt* certan tempon vivis en GDR. Dum la unua fazo de la rekonstruo de la Esperanto-movado en GDR post 1965 li eĉ fariĝis prezidanto de distrikta organizaĵo en Magdeburg. La materialoj de Ulrich Lins rezultigis, ke Wohlfahrt perdis sian funkcion. Meze de la 70aj jaroj li forlasis GDR kaj ekloĝis en Germana Federacia Respubliko.
[36] Germana mallongigo por „Sturmabteilung" (ŝturm-sekcio), milico de la nazia partio.

Schödl kaj disvastigis internaciskale. Germanlingva kovrilo varbis por Nivea-ungvento aŭ radioaparatoj kaj ene enhavis esperantlingvajn tekstojn pri la faŝismaj kruelaĵoj en Germanio.

Post 1933 diversaj germanaj laboristaj esperantistoj forlasis Germanion, inter ili *Ludwig Schödl* kaj la lasta prezidanto de GLEA, *Willy Vildebrand*. Ambaŭ elmigris al Francio kaj post la milito revenis al Germanio, pli precize: al GDR. Ili ludis gravan rolon ĉe la fondo de la Esperanto-organizaĵo en GDR.

La persekutoj de esperantistoj en Sovetunio ĉiam havis certan nerektan influon al la evoluo de la Esperanto-movado en la soclandoj, ĉiukaze en GDR. Pro tio estu memorigite:

Aparte ekde 1937 la situacio por esperantistoj en Sovetunio fariĝis vivdanĝera. Lige al la "granda purigo", kiun iniciatis la paranoja Stalin, malaperis multaj bonegaj esperantistoj, ĉu mortkondamnitaj pro "aparteno al spiona organizo" aŭ jetitaj en la sovetiajn gulagojn. Mortpafitaj estis i.a. *Ernest Drezen* kaj *Vladimir Varankin*. Nikolaj Nekrasov pereis en siberia punlaborejo (kp. Lins 1988b, p. 392). Mi mem persone konatiĝis kun *Grigorij Demidjuk*. Pro Esperanto li pasigis 18 jarojn en siberiaj gulagoj.

Semjon N. Podkaminer, se mi bone memoras lian rakonton, siatempe havis problemojn kun la partio kaj timis similan sorton. *David Armand*[37], (laŭdire parenco de la kunlaborantino de Lenin Inessa Armand), foje estis gasto de GDREA.

---

[37] Stranga koincido: Kiel knabo mi legis germanlingvan libreton, tradukitan el la rusa, kun la titolo "Die Nußexpedition" ("La nuksekspedicio"). La aŭtoro estis *David L. Armand*. Pri la vivo de Armand kp. la artikolon de Aleksej D. Armand "David' Armand' – 100jara" en la revuo Scienco kaj Kulturo (Moskvo) 3/2005, p. 2-7.

La motivoj por la persekutoj sub Hitler estas relative facile troveblaj. La koncernitoj, ĉu judoj, komunistoj kaj aliaj maldekstruloj, aŭ gejoj, ciganoj kaj aliaj minoritatoj, pli malpli baldaŭ sciis pri sia minaco. Iuj, kompreneble nur en ege eta kvanto, sukcesis eskapi. Tamen en Sovetunio por ĉiu ajn civitano povis estiĝi danĝera situacio. Eĉ ideologia fideleco ne gardis antaŭ la minaco. Ĉiu ajn povis fariĝi viktimo, ankaŭ la plej honestaj kaj kredemaj komunistoj. Pro tio mi venis al la konvinko, ke la persekutoj de la esperantistoj sub *Stalin* kvante kaj kvalite superis tiujn sub *Hitler*. Tio neniel signifu malgravigi la faŝismajn krimojn de la nazia Germanio, kiuj sur la pesilo de monda historio pezas multe pli.

Estas interese kompari la motivojn por la persekuto en ambaŭ "regnoj" laŭ kelkaj kategorioj, certe nekomplete:

	Hitler	Stalin
antisemitismo (la judo Zamenhof)	x	x (?)
malfido al intelektuloj	x	x
timo pro internaciaj kontaktoj	x	x
politika hegemoniismo	x	x
timo pri spionado	–	x
paranojo de la diktatoro	–	x
lingvoimperiismo (la germana, la rusa)	x	x
aparta teorio pri komuna lingvo	–	x

Kompreneble ne eblas ekskludi la supozon, ke ankaŭ ĉe la nazioj regis iu timo pro spionado pere de Esperanto. Kaj ankaŭ Hitler havis paranojajn trajtojn. Sed ŝajne tiuj faktoroj ne tiom efikis al Esperanto en Germanio kiel en Sovetunio.

La lingvo-politiko de *Lenin* estis direktita al evoluigo de ĉiuj lingvoj en Sovetunio. Li eĉ draste sin esprimis kontraŭ la rusa kiel ŝtata lingvo. Sed *Stalin* en ĉiuj sovetiaj respublikoj plifortigis la pozicion de la rusa. Aparta esprimo de tio ankaŭ estas anstataŭigo de latinaj alfabetoj de diversaj sovetiaj lingvoj per cirila, komence kaj meze de la 30aj jaroj. *Stalin* krome havis pseŭdointerlingvistikan teorion: Li supozis, ke post la tutmonda venko de la komunismo kaj la elformiĝo de komuna ekonomia tutmonda sistemo iom post iom kunfandiĝos la naciaj lingvoj al unu komuna monda lingvo (kp. Stalin 1992, p. 41).

Eventuale ankaŭ la frakcio de sennaciistoj en SAT nevole liveris argumenton por la malpermeso. Laŭ la konvinko de *Lanti* kaj de la sennaciistoj nacioj kaj naciaj lingvoj estas la ĉefa kaŭzo por intergentaj konfliktoj. La sennaciistoj, almenaŭ en la tempo de Lanti, pensis pri sennacieca monda ŝtato kun unu sola sennacieca lingvo (Esperanto). Do eblis interpreti, ke laŭ tiuj ideoj Esperanto ja volis forigi la naciajn lingvojn.

4 Esperanto en orienteŭropaj landoj

4.1 Rekomenco

Dum la periodo inter 1945–1949 en la regionoj de la sovetia okupado eblis diversaj esperantistaj aktivadoj, kiuj tamen finiĝis resp. grave reduktiĝis pli malpli en 1949. Ekz. en GDR aperis dekreto, kiu malpermesis "grupojn de artefaritaj lingvoj" kaj "lingvo-angulojn en gazetoj" de tiuj lingvoj (kp. Blanke 1990, p. 122), supozeble post atentigo flanke de la sovetia milita administrejo.

Similaj situacioj estis en aliaj soclandoj.

Aparte la teorio de *Stalin* pri la kunfandiĝo de la lingvoj al unu komuna de la estonta komunisma mondo tre malhelpis. Evidente temas pri pure spekulativa teorio, kiu eĉ ne havis ion komunan kun la ideo de internacia lingvo, kiu celas funkcii apud la naciaj lingvoj, kaj ne nur ne volis tiujn anstataŭi sed ja estas rigardebla rimedo por ilia gardo, ĉar direktita kontraŭ la hegemonio de kelkaj grandaj etnolingvoj. Sed tia lingvo ankaŭ estas direktita kontraŭ la hegemonio de la rusa. En respondoj, kiujn funkciuloj en GDR donis al esperantistoj, kiuj postulis repermeson de organizita Esperanto-movado, oni ligiĝis al ambaŭ aspektoj. Se la funkciuloj estis iom informitaj pri la teorio de *Stalin*, ili respondis al la esperantistoj en GDR, ke la genia k-do *Stalin* jam ĉion diris pri la problemo de komuna lingvo. Esperanto do estus superflua. Aliaj malpli informitaj simple informis, ke la estonta lingvo de la monda komunismo sendube estos la "lingvo de la amikeco", la lingvo de *Lenin*, do la rusa. Kaj ĝin oni lernu anstataŭ la "kosmopolitan", "burĝan" kaj "mortan" Esperanton.

Nur post la morto de *Stalin* en 1953 iom post iom la situacio ŝanĝiĝis, kvankam laŭlande kun malsimila rapideco kaj kun diferencoj. Dum la 50-aj jaroj refondiĝis aŭ revigliĝis la asocioj en Pollando, Hungario, Bulgario. En Jugoslavio la stalinaj influoj ne povis efiki. La movado post la milito normale regajnis sian forton.

En Rumanio nur post 1989 kreiĝis la ebleco por fondi kutiman asocion. Necesas substreki la grandegan laboron, kiun dum la 70aj jaroj tie faris la kulturteoriisto kaj filologo *Ignat Florian Bociort*. Mi konatiĝis kun li, kiam de 1965–1970 li estis gastdocento ĉe la (orientberlina) Humboldt-Universitato. Post reveno al Rumanio per laŭplana kaj intensiva laboro en intelektulaj rondoj *Bociort* sukcesis fondi en 1978 la "Kolektivon pri Esperanto kaj Interlingvistiko" ĉe la Rumana Akademio pri Sociaj kaj Politikaj Sciencoj. Li atingis mirindan subtenon flanke de sciencistoj, publikigis multajn artikolojn kaj kelkajn librojn. Multaj studentoj lernis la lingvon en universitatoj. Sed en 1985 venis malpermeso pri ĉiu ajn esperantista agado. *Bociort* estis eksigita el la universitato de Timișoara (kp. Bociort 1998).

En Albanio organizita movado nur eblis post 1989.

En GDR la reestabliĝo de organizita movado okazis kun malfruiĝo pro la konflikto inter la du germanaj ŝtatoj, kiu kompreneble havis negativan influon al ĉiuj internaciaj rilatoj de GDR.

En Ĉeĥoslovakio inter 1945-1952 ekzistis vigla movado (kp. Kamaryt 1983). En Brno eĉ estis radioprogramoj en Esperanto (La Verda Stacio). Tamen ankaŭ tie venis la malhelpaĵoj, kaj nur post la eventoj de 1968, en la jaro 1969, fondiĝis du asocioj: Ĉeĥa Esperanto-Asocio kaj Asocio de Esperantistoj en Slovaka Socialisma Respubliko.

En Sovetunio la situacio ĝis la periodo de Gorbaĉov ĉiam restis komplika kaj kontraŭdira. Ekz. en la baltaj respublikoj regis alia situacio ol en la rusa, armena aŭ georga respublikoj ktp. Nur post la malapero de Sovetunio la movadoj en la unuopaj eksrespublikoj povas evolui laŭ la klopodoj de la movadanoj, tamen ne ĉiam laŭ ties deziroj kaj denove kun ege malsamaj rezultoj kaj ofte eĉ ŝrumpoj. Stranga fenomeno estas ekz. la nuntempa malforteco de la organizita rusa movado.

4.2 Kelkaj faktoroj influaj al la soclanda movado

Kiel pri multaj interesokampoj kaj hobioj, post la fino de la Dua Mondmilito en la okcidentaj eŭropaj landoj eblis okupiĝi ankaŭ pri Esperanto. Esceptoj por certa tempo estis Hispanio kaj Portugalio. Ne necesis iuj apartaj permesoj de ŝtataj organoj aŭ la efiko de faktoroj, por ke la movado reaperu. Malsame al la eŭropaj soclandoj.

Al la repermeso, la rekonstruado kaj fine al la grava socia subtenado, kiun la movado ĝuis en la plej multaj orienteŭropaj soclandoj, helpis difinitaj faktoroj, kiuj parte efikis samtempe kaj laŭlande diversgrave. Mi klopodos montri la plej gravajn kaj havas antaŭvide aparte la situacion en GDR:

1. La reapero de organizita Esperanto-movado apenaŭ eblis kontraŭ la volo de Sovetunio sub la rego de *Stalin*. Post lia morto jen kaj jen, tre singarde, aperis unuaj esperantistaj aktivaĵoj. Aperis artikoloj pri Esperanto en lingvistikaj revuoj.

Aparte gravis tiu de Olga Aĥmanova kaj Evgenij Bokarev.[38] Tiaj informoj kaj materialoj tuj cirkulis en la rondoj batalantaj por la rekonstruo. Ja *ĉio, kio okazis kaj aperis en Sovetunio* estis grava argumento, almenaŭ ĝis alvenis perestrojko. Tamen, la dependo de la soclandoj de Sovetunio ne estis tiom fortaj, kiom ofte asertite. Ja eblis evoluo de sufiĉe multflanka kaj bone organizita Esperanto-movado, sen ke la instancoj en Moskvo povis aŭ volis malpermesi tion.

---

[38] Kp. Aĥmanova/Bokarev 1956. La artikolon fakte verkis Bokarev, kaj Aĥmanova donis sian prestiĝan nomon.

2. La nacia politiko de Lenin certagrade klopodis doni evolueblecon al la pli ol 130 lingvoj en la siatempa Sovetunio. Konatiĝis lia forta pledo por samrajteco de ĉiuj sovetiaj lingvoj. Jam 1913 *Lenin* postulis "Neniun privelegion por iu nacio, por iu lingvo"[39]. Kaj aliloke: "La proletaro ne povas permesi la fortiĝon de iu ajn naciismo, kontraŭe, ĝi ĉion subtenas, kio kontribuas...faligi ĉiujn disigajn murojn inter la nacioj, ĉion kio alproksimigas la naciojn pli kaj pli proksime..."(Lenin 1951, 23). Tiaj citaĵoj povis esti rigardataj kiel nerektaj argumentoj por Esperanto, se oni atentis kelkajn tabuojn, ekz. tiun pri la netuŝebleco de la rolo de la rusa lingvo. Jen kaj jen aperis klopodoj pruvi, ke Lenin partoprenis Esperanto-kongreson kaj nomis Esperanton "la latino de la proletaro". Sed i.a Podkaminer (1986) montris la senbazecon de tiuj asertoj.

3. Iamaj *membroj de laboristaj Esperanto-asocioj* havis gravajn funkciojn en la socio de kelkaj landoj kaj la eblecon influi, ekz. en Bulgario kaj Hungario, sed ankaŭ en GDR. La tradicioj de LEM, aparte la komunismaj, estis pezaj argumentoj, ne facile forviŝeblaj. Mi jam menciis *Nikola Aleksiev*, kiu apartenis al la fondintoj de Bulgara Laborista Esperanto-Asocio en la jaro 1930 kaj i.a. estis redaktoro de "Balkana Laboristo". Li krome havis gravajn funkciojn en la sindikata movado, redaktis la gazetojn "Edinstvo" (Unueco) kaj "Antifaŝistski front" (Antifaŝisma fronto). Aleksiev kelkfoje estis enprizonigita kaj torturita. Post 1945 li fariĝis ĉefredaktoro de la ĉiutaga sindikata gazeto "Trud" (Laboro) kaj havis gravajn funkciojn ne nur en la sindikata movado sed ankaŭ en kulturorganizaĵoj. Li portempe estis kandidato de la Centra Komitato de la Bulgara Komunista Partio, sed pro konflikto

---

[39] Kp. Lenin-Werke, 40 vol., Berlin: Dietz , 1955–1965, vol. XIX, p. 75.

kun *Todor Ĵivkov*, la Unua Sekretario de Bulgara Komunista Partio kaj bulgara ŝtatestro, ne estis akceptita. *Asen Grigorov* post 1945 por certa tempo estis sekretario de *Georgi Dimitrov*. La hungaro *Béla Berceli* (frato de *Vilmos Bleier*), havis altan rangon en la hungara armeo. *Rudi Graetz*, kiu ekde 1965 staris ĉe la pinto de la esperantista organizaĵo en Kulturligo de GDR, estis diplomato.

En la unua 11-membra centra estraro la Esperanto-organizaĵo de GDR, t.e. Centra Laborrondo de Esperanto-Amikoj en Germana Kulturligo (CLE)[40] en la jaro 1965 ok estis iamaj membroj de GLEA. La Estraro, elektita en 1976, konsistis el 41 personoj, inter ili estis naŭ iamaj membroj de GLEA. Lige al la rolo de laboristaj esperantistoj, kiuj grandparte antaŭ 1933 apartenis al la Komunista Partio de Germanio, ankaŭ necesas rigardi la kvanton de membroj de la gvida partio SED en la estraro de GDREA:

1976: 41 estraranoj, inter ili 23 membroj de SED
1981: 45 (24)
1987: 52 (26).

Do la influo de la partio – almenaŭ statistike – estis certigita, kio kompreneble kontribuis al la fido flanke de la ŝtataj instancoj.

4. Ankaŭ la ***persekutoj de esperantistoj sub Hitler*** liveris argumentojn por la rekonstruado de la movado. Inter la persekutitoj ja estis konataj esperantistoj, samtempe komunistoj kaj antifaŝistoj.

---

[40] La unua Esperanto-organizaĵo de GDR en 1965 nomiĝis "Centra Laborrondo de la Esperanto-Amikoj en Germana Kulturligo" (CLE), poste "Centra Laborrondo Esperanto en Kulturligo de GDR". Fakte tio estis la gvidantaro, ĉar ankaŭ ekzistis subigitaj unuoj (distriktaj kaj subdistriktaj laborrondoj, grupoj). Tiu organiza strukturo transformiĝis 1981 en GDREA.

5. Grava argumento estis la rolo, kiun Esperanto povus ludi en la "internacia batalo por la paco, kontraŭ imperiismo kaj milito", por mencii tiun siatempe ofte uzatan (ankaŭ de mi), sed de multaj sincere komprenitan formulon. Pro sia statuta neŭtraleco UEA ne permesis politikan agadon en siaj vicoj kaj dum la Universalaj Kongresoj. ***Mondpaca Esperantista Movado*** (MEM), fondita en la jaro 1953 en Aŭstrio (Sankt Pölten), donis konvenan eblecon esprimi sin pri aktualaj politikaj problemoj. MEM ludis gravan rolon, aparte en la unuaj jaroj de la reorganizado de la movado, sed ankaŭ poste. En MEM eblis diskuti gravajn problemojn (i.a. pri la milito kontraŭ Vjetnamio kaj en la araba-israela regiono, malarmado k.s.). Necesas konfesi, ke ĝi ofte prenis unuflankajn starpunktojn, proksimajn al tiuj de Sovetunio. La asocioj de la soclandoj, kvankam ne ĉiuj sammaniere, estis aktivaj en MEM, partoprenis en la eldonado de landaj numeroj de la revuo "Paco" (aparte multajn kajerojn eldonis la bulgara MEM-sekcio) kaj pere de MEM havis ligojn al la Monda Packonsilantaro, kiu kun MEM havis kontrakton pri kunlaboro kaj havis grandan prestiĝon en la orienteŭropaj landoj. En influhavaj politikaj rondoj de la soclandoj MEM tre helpis krei certan konfidon pri la sociutila kaj porpaca rolo de esperantistoj. Tiel restis ĝis 1989. La hungaro Rátkai havas iom alian interpreton. Por li MEM estis "troja ĉevalo", "kamuflita fremda korpo", kiun la esperantistoj eluzis (Rátkai 1990, p.86). Kvazaŭ MEM servis por enirigi Esperanton en la vicon de la malamiko. Kion pensi pri tio? Ĉu la sinceraj adeptoj de MEM estis hipokritaj? Kiel mi jam montris, ekzistis du flankoj en dialektika kuniĝo: la fondo de MEM respondis al reala bezono de politike engaĝitaj homoj en sterile nepolitika movado, kaj samtempe ĝi helpis forigi antaŭjuĝojn kaj malfidojn, kiuj vaste ekzistis en la funkciulaj rondoj de la soclandoj.

*De 1966-1989 la MEM-sekcio de GDR ĉiujare eldonis luksan kajeron de la MEM-organo "Paco". La kajeroj (amplekso inter 30-40 A4-formataj paĝoj) krom politikaj kontribuoj ankaŭ entenis multe da beletro kaj fakaj materialoj.
Ĉiuj eldonoj intertempe troviĝas sur kompaktdisko.*

6. Alia grava argumento estis la **utiligo de Esperanto por internacia informado**. Ĉiuj asocioj de la soclandoj, kvankam malsamofte, eldonadis informmaterialojn pri siaj landoj, kiujn la ŝtato subvenciis.

Por mencii nur kelkajn ekzemplojn: En Sovetunio la informagentejo Novosti eldonis multajn luksajn broŝurojn, i.a. kun paroladoj de *Breĵnev* ĝis *Gorbaĉov*. En Pollando la ŝtata radiostacio Varsovio disaŭdigadas ĝis hodiaŭ en Esperanto. En Bulgario, Hungario kaj Pollando aperis bonkvalitaj kulturaj revuoj ("Nuntempa Bulgario", "Bulgario", "Ripozoj", "Hungara Vivo"). Ankaŭ en Ĉeĥoslovakio kaj GDR aperis informlibroj pri la eldonantaj landoj. La ampleksa libro "GDR – faktoj kaj bildoj" estis eldonita en 20 000 ekzempleroj kaj internacie disvastigita. La libro rezultigis eĥon, kion la alilingvaj eldonoj ne sukcesis havigi. Tiu eĥo ebligis eldoni plurajn aliajn materialojn. Komprenuble tiuj faktoj rikoltigas al la siatempaj orientaj aktivintoj la riproĉon de proksimeco al la reganta reĝimo. Kun tiu riproĉo ni devas vivi, almenaŭ mi povus.

7. Ankaŭ la elmontro, **kion faras la konkurantoj** de la socialismo, estis grava. Ekz. la atentigo pri Esperanto-materialoj, aperintaj en Federacia Respubliko Germanio (ekz. la multkvante dissendita libro "Faktoj pri Germanio" aŭ la "Okcidentgermana Revuo" 1961–1968) estis argumentoj por GDREA, postuli ke ankaŭ GDR eldonu informmaterialojn.

Kiel konate, dum la 60aj kaj 70aj jaroj estis certaj konfliktoj inter Ĉinio kaj Sovetunio, kiuj komprenuble rilatis ĉiujn landojn, kiuj estis ligitaj al la gvida hegemonia ŝtatego. La ĉinaj esperantistoj jam tiam eldonis belegajn kaj valorajn literaturaĵojn en Esperanto, sed ankaŭ grandan lavangon da propagandaj broŝuroj, i.a direktaj kontraŭ Sovetunio.

1969 mi faris ampleksan analizon pri la esperantlingva eldonagado en Ĉinio kaj ĝin donis al la ministerio por kulturo de GDR. Tiu analizo decide helpis la aperigon de la romanoj "Nuda inter lupoj" de *Bruno Apitz* (1974)[41], "Trigroŝa Romano" de *Bertolt Brecht* (1977)[42] kaj "La perdita honoro de iu Katarino Blum'" de *Heinrich Böll* (1978).[43]

8. En ĉiuj soclandoj **UNESCO** havis altan prestiĝon. Pro tio la rezolucioj favore al Esperanto el la jaroj 1954 (Montevideo) kaj 1985 (Sofio) estis gravaj argumentoj. Tiu de 1985 ekz. helpis al GDREA konvinki la poŝtministerion eldoni vere luksan poŝtmarkon okaze de la centjariĝo de Esperanto en 1987. Krome estis facile montreble, ke la kultura politiko de UNESCO, direktita al la internacia interŝanĝo kaj konservo de kulturaj valoroj, estis proksima al la idealoj kaj la praktika laboro de esperantistoj.

9. Grava faktoro por la rekonstruo, stabiligo kaj pluevoluigo de la Esperanto-movado en la soclandoj estis la ***principo de reciproka helpo***. Tio havis diversajn formojn. Tre gravis ekscii pri iuj atingoj en alia lando por montri al siaj instancoj, kiom postrestinta estis la propra landa organizaĵo kaj ke necesas ion fari, por atingi almenaŭ similan nivelon kiel la "frataj

---

[41] La eldonkvanto de "Nuda inter lupoj" estis 8000 ekzempleroj, kiu i.a. pro grandkvantaj antaŭmendoj el la soclandoj elĉerpiĝis post ĉirkaŭ unu jaro. La romanon tradukis *Karl Schulze* el orienta Berlin, ne miksenda kun *Rikardo Ŝulco*. Karl Schulze ankaŭ tradukis ambaŭ partojn de Faŭsto (Goethe), kiuj sub redakto de Ulrich Becker aperis en 1999 (Berlin: Mondial). Becker (Mondial) en 2004 eldonis la tradukon kun la sampaĝa germana originalo sur kompaktdisko, kaj duan eldonon de la libro (2005). Same ĉe Mondial aperis en 2004 la romano "Lotte en Weimar" de Thomas Mann en la traduko de Karl Schulze, kaj pluraj aliaj tekstoj tradukitaj de li atendas publikigon.
[42] La romanon ankaŭ tradukis *Karl Schulze* kaj ĝin eldonis Edition Leipzig. Parton ĝi presis por la okcidentgermana Eldonejo Bleicher Gerlingen. Do temis pri valuta negoco.
[43] Traduko de *Rikardo Ŝulco*. Ĝi aperis kontraŭ kelkaj ekspertizoj, i.a. de *Gaston Waringhien* kaj mi. Ni forte kritikis la tradukon. Sed la volo de Edition Liepzig gajni valuton estis pli forta. La libro ankaŭ aperis kun kvanto por la Eldonejo Bleicher.

landoj". En ĉiuj soclandoj ekzistis timemaj funkciuloj, necertaj pri la ĝusteco de la alprenendaj decidoj. Ili klopodis akiri certecon i.a. per la demando "kion faras la sovetiaj kamaradoj kaj la aliaj frataj landoj"? Mi tion ofte spertis. Ne ĉiam estis facile atentigi pri grandaj sukcesoj ekz. de sovetiaj esperantistoj. Tamen, ĉiam okazis almenaŭ tiom da aktivaĵoj en Sovetunio, ke pri io eblis atentigi. Tradukitaj broŝuroj de Novosti, eldono de "Paco", sinkronizitaj filmoj, interlingvistikaj verkoj, eĉ instruado de Esperanto en lernejoj (en Estonio kaj Litovio) ktp. Al GDREA ankaŭ tre helpis montri, kiom multe pli progresintaj estis la movadoj en aliaj landoj, ekz. en Bulgario, Pollando kaj Hungario.

10. Ligita al la principo de reciproka helpo estis la laŭplana *evoluigo de la kunlaboro inter la asocioj de la soclandoj*. Estis nedubeble, ke ili donis specifan kaj tre konkretan kontribuon al la plifortigo de la amikeco kaj kunlaboro inter la soclandoj.

Tio apartenis al la oficiala politiko de la landoj kaj sekve estis pozitive akceptita. Al la aktivaĵoj apartenis amikeckontraktoj, reciprokaj vizitoj de grupoj, materialinterŝanĝo k.s. Pro la fakto, ke Esperanto estis aparte disvastigita en la soclandoj kaj tie multaj esperantistoj volis korespondi, estiĝis granda kvanto da leterligoj. Anonimaj enketoj montris, ke meze 70% de ĉiuj korespondaj ligoj de GDR-esperantistoj iris al esperantistoj en soclandoj. Tiu grava fakto laŭis al la oficiala ŝtata politiko kaj trankviligis tiujn funkciulojn, kiuj ne tre ŝatis, ke civitanoj de GDR havas kontaktojn al okcidentaj landoj. (Cetere: la revueto "der esperantist", 1965–1990 aperigis korespondanoncojn el 58 landoj, kaj tion antaŭ 1989!).

11. Certan helpan rolon ankaŭ ludis *la scienco*. Interlingvistikaj materialoj pruvis la sciencan valoron de Esperanto.

Tiu faktoro aparte gravis por Sovetunio kaj por GDR, kaj poste por Rumanio. La interlingvistikaj agadoj kaj publicaĵoj de sovetiaj lingvistoj kiel *Evgenij A. Bokarev, Viktor P. Grigorev* kaj (iom poste) *Magomet I. Isajev, Sergej N. Kuznecov* kaj *Aleksandr D. Duliĉenko* grave helpis la organizadon de interlingvistiko en GDR kaj tiel levis la socian prestiĝon de Esperanto. La scienca prezento de Esperanto krome helpis gajni ŝtatajn eldonejojn por publikigi lernolibrojn kaj vortarojn en konsiderinda kvanto.

12. Aparte en GDR, kie la esperantistoj estis organizitaj en kulturorganizaĵo, kies grava tasko estis kontribui al **sencoplena interesa libertempo**, la konkreta agado de la esperantistoj pli kaj pli montris, ke la okupiĝo pri la lingvo, ĝia lernado kaj aplikado estis originala kontribuo al tiu celo, ĉar ĝi estis elemento de altkvalita kultura agado kaj pliprofundigis ĝeneralan fremdlingan kleron. Aparte dum la 80-aj jaroj tio en si mem en GDR estis tute pozitive akceptita.

13. De granda signifo, aparte por la intensiviĝo de la internaciaj rilatoj, estis la **procezo de paca kunekzistado** (la "Helsinki-procezo"), kiu trovis sian unuan kulminon en la Konkluda Akto de Helsinki (1976), de kio ekzistas traduko en Esperanto.[44] Laŭ la koncepto de paca kunekzistado de malsamaj socisistemoj, kiun subtenis la soclandaj registaroj, al ties taktiko ne plu apartenis fondo de iu nova komunista internacio. Gravis kunlabori laŭ la internacie akceptitaj normoj. Tio estis bona argumento por agado ne nur en MEM, sed aparte ankaŭ en UEA kaj TEJO kaj ebligis pli kaj pli doni valoran kontribuon al la realigo de la celoj de tiuj asocioj. Tio ankaŭ klarigas la ne tre grandan entuziasmon, kiun renkontis la klopodoj de iamaj laboristaj esperantistoj reaktivigi iun certan IPI, kio trovis sian esprimon en la Internacia Komu-

---

[44] *Fina Akto de la Konferenco pri Sekureco kaj Kunlaboro en Eŭropo.* Bratislava: Ĉeĥoslovaka Packomitato, Slovaka Packonsilantaro, 1976, 86 p.

nista Esperanto-Kolektivo (IKEK) kun sia organo "Internaciisto". Kiel jam menciite mi konatiĝis kun multaj IPE-anoj kaj admiris la laboron de la iama IPE. Sed reaktivigo al mi ŝajnis kontraŭ la historia situacio. La anoj de IKEK pro tio kompreneble estis seniluziigitaj. Tamen IKEK kaj ties anoj ja estis estimataj en la soclandoj kaj almenaŭ ricevis certan teknikan subtenon kvankam ne fortan politikan. BEA havis pli aktivan rilaton al IKEK ol ekz. GDREA, kion kelkaj kamaradoj ne komprenis. Mi ofte pledis por la eldono de altkvalita moderna marksisme orientita socia revuo (komparebla al "Monato"). Kvankam la propono trovis subtenon, ĝi neniam realiĝis kaj verŝajne estis nerealisme ambicia, ja ĉiam mankis papero kaj valutoj.

14. Kaj ne laste, kiel tipe por ĉiu ajn sukcesa esperantista agado, necesis **persona engaĝiĝemo, kuraĝo, elasteco kaj lerteco de la agantoj** sur ĉiuj niveloj de la laboro, por eluzi la diversajn ŝancojn donitajn kaj por eviti kaptilojn kaj danĝerojn.

Kompletige:

En sia pensiga eseo "Esperanto kaj molaj diktaturoj", kiun Benczik (1990) skribis aparte rigarde al la hungaraj kondiĉoj, li listigas diversajn faktorojn. Ili tamen ankaŭ parte validas por la aliaj soclandoj, inter tiuj por GDR. Tiuj faktoroj pli malpli konfirmas resp. kompletigas mian supran liston. La ĉefajn mi provas resumi jene:

– Efiko de la centrismo: Sukcesa alireblo al la centraj politikaj kaj ŝtataj gvidmediaj havis pozitivan efikon al la movado en la tuta lando. Ĉi-rilate ankaŭ la centre stiritaj amaskomunikiloj havis avantaĝojn.
– Legitimecaj problemoj de la soclandoj eksteren: Oni favorigis la uzon de Esperanto kiel politikan informilon.

- Grupiĝo en oficiale akceptitaj organizaj strukturoj: Tiuj organizaj strukturoj, se permesitaj, garantiis lojalan rilaton al la ŝtato, ĝuis la statuson de oficialeco, ricevis konsiderindan materian subtenon kaj samtempe helpis al profesiigo, malsektigo kaj konsiderinda ensociiĝo de la esperantistaro.
Tio helpis al elformiĝo de konsiderinda kvalito, en okcidentaj landoj malofte vidita.
- Niĉo por kreemaj individuoj: La organizaĵoj al multaj individuoj donis certan niĉon por krea, certagrade alternativa laboro, ebligis oficialajn – kvankam tute nekutimajn – internaciajn kontaktojn ("fenestro al la mondo").

4.3   La famaj Konsultiĝoj

Tre grava faktoro por stabiligo kaj pluevoluigo de la movadoj en la orienteŭropaj landoj estis la sistemo de regulaj konsultiĝoj[45].

Dum la proceso de la plifortiĝo kaj pliintensiviĝo de la kunlaboro inter la soclandoj, aparte de la ŝtatmembroj de la Konsilantaro por Reciproka Ekonomia Helpo, ne nur en la kampoj de ekonomio, sed ankaŭ sur la terenoj de kulturo, scienco, turismo k.a., estiĝis pli malpli regulaj ligoj inter la koncernaj partneraj instancoj, institucioj aŭ organizaĵoj. Elemento de tiuj ligoj estis regulaj kunvenoj, dum kiuj reprezentantoj de la koncernaj landoj traktis pri komunaj problemoj. Do, estiĝo de similaj regulaj kontaktoj inter la Esperanto-asocioj tute respondis al la oficiala politiko.

---

[45] Pri la konsultiĝoj antaŭ mi nur skribis Rátkai (1990), kies interpretoj ne tre devias de miaj, kvankam ili ne tute samas. Ekz. li misinterpretas la fondon de GDREA, kiun laŭ li kvazaŭ influis la sovetia modelo. Tamen, ĝi tute ne sekvis la sovetian ekzemplon (ASE fondiĝis en 1979). Fakte GDREA jam strukture kaj kvalite ekzistis antaŭ 1981, eĉ aliĝis al UEA jam en 1976, kvankam nur en 1981 oni al ĝi donis la formalan strukturon de asocio kaj novan nomon. La kialo estas, ke per tio eblis pli bone agi en internacia kadro. Ja neniu komprenis, kio povus esti "Centra Laborrondo Esperanto" kaj simile.

Pro tio *Béla Berceli*, la ĝenerala sekretario de HEA, lanĉis la ideon organizi iun renkontiĝon de funkciuloj de la soclandaj Esperanto-organizaĵoj por interŝanĝi spertojn kaj priparoli komunajn problemojn de la laboro. La iniciaton aparte subtenis *Nikola Aleksiev* kaj *Rudi Graetz*. La unuaj du renkontiĝoj en la jaroj 1969 kaj 1970 okazis en Budapest. La serio ricevis la nomon "Konsultiĝoj de Esperanto-organizaĵoj de socialismaj landoj". Sekvis pluaj tiaj aranĝoj, kaj tiel establiĝis firma sistemo de la konsultiĝoj. Ili kutime daŭris tri ĝis ses tagojn, depende de eventuala turisma programo. Ili okazis dum printempo, do antaŭ la Universalaj Kongresoj. Tiel eblis trakti pri komunaj starpunktoj pri la agado en UEA kaj dum la kongresoj.

De 1969 ĝis 1989 okazis entute 22 konsultiĝoj:

1. 1969 (Budapest/Hungario)
2. 1970 (Budapest/Hungario)
3. 1971 (Berlin/GDR)
4. 1972 (Smoljan/Bulgario)
5. 1973 (Visegrád/Hungario)
6. 1974 (Sofio/Bulgario)
7. 1975 (Melník/Ĉeĥio)
8. 1976 (printempe Kraków/Pollando)
9. 1976 (jarfine Moskvo/SU)
10. 1977 (Karl-Marx-Stadt/GDR [nuntempa malnova nomo: Chemnitz])
11. 1978 (Poprad/Slovakio)
12. 1979 (Visegrád/Hungario)
13. 1980 (Sofio/Bulgario)
14. 1981 (Přeřov/Ĉeĥio)
15. 1982 (Jerevan/Armena Sovetia Respubliko)
16. 1983 (Radziejowiće/Pollando)
17. 1984 (Bad Saarow ĉe Berlin/GDR)
18. 1985 (Pisanica/Bulgario)
19. 1986 (Poprad/Slovakio)
20. 1987 (Budapesto/Hungario)
21. 1988 (Budejovice/Ĉeĥio)
22. 1989 (Moskvo/SU).

La gastigantaj asocioj:
HEA: 5 konsultiĝoj, BEA: 4, GDREA: 3, ĈEA: 3, AESSR: 2, PEA: 2, KILSE/ASE: 3

Regule partoprenis delegacioj de jenaj organizaĵoj:
- Bulgara Esperanto-Asocio (BEA)
- Ĉeĥa Esperanto-Asocio (ĈEA)
- Esperanto-Asocio en Kulturligo de GDR (GDREA)
- Pola Esperanto-Asocio (PEA)
- Asocio de Esperantistoj en Slovaka Socialisma Respubliko (AESSR)
- Komisiono pri Internaciaj Ligoj de Sovetiaj Esperantistoj (en la Unuiĝo de Sovetiaj Societoj de Amikeco kaj Kulturaj Ligoj kun Eksterlandoj, KILSE, ekde 1979: Asocio de Sovetiaj Esperantistoj, ASE).

Delegito(j) de Vjetnama Pacdefenda Esperanto-Asocio (VPEA) partoprenis la 12-an, 13-an, 15-an, 18-an, 19-an kaj 22-an konsultiĝojn.

Delegito de Kuba Esperanto-Asocio (KEA, fondita en 1979) partoprenis la 18-an, 21-an kaj 22-an. La 12-an partoprenis observanto de Jugoslavia Esperanto-Ligo (JEL) kaj la 18-an private partoprenis rumano.

Por la 22-a konsultiĝo ankaŭ Ĉina Esperanto-Ligo ricevis inviton, sed ne povis partopreni pro "teknikaj kialoj".

La konsultiĝoj esence estis konfidencaj, por ne kaŭzi miskompreneblajn diskutojn en la esperantistaro. Ili ja ne estis direktitaj kontraŭ UEA. Fojfoje tamen okazis disputoj pri tio, ĉu oni publikigu la rezultojn. La komunikoj ĝenerale nur informis pri la okazaĵo, la datoj, la partoprenintaj asocioj kaj havis iun aktualan politikan deklaron. La komunikoj pri la lastaj konsultiĝoj, do pri la 20-a (1987, Budapeŝto)[46], 21-a (1988, Poprad)[47] kaj la 22-a (1989, Moskvo),

---
[46] Kp. „der esperantist" (Berlin) n-ro 144 (4/1987).
[47] Kp. „der esperantist" (Berlin) n-ro 148 (2/1988).

der esperantist

Mitteilungsblatt der Esperantofreunde im Kulturbund der DDR

16. Jahrgang   Nr. 102 (4/1980)   ISSN 0014-0619   30 Pf

Komunikaĵo pri la 13a Konsultiĝo

De la 18a ĝis 23a de aprilo 1980, en Sofio, Bulgario, okazis la 13a Konsultiĝo de Esperanto-organizaĵoj el socialismaj landoj. La Konsultiĝo, kiu pasis sub la signo de la 110a datreveno de la naskiĝtago de V. I. Lenin, parto-

"der esperantist" 102 (4/1980), ISSN 0014-0619

Komunikaĵo pri la 13a Konsultiĝo

De la 18a ĝis la 23a de april 1980, en Sofio, Bulgario, okazis la 13a Konsultiĝo de Esperanto-organizaĵoj el socialismaj landoj. La Konsultiĝon, kiu pasis sub la signo de la 110a datreveno de la naskiĝo de V. I. Lenin, partoprenis reprezentantoj de jenaj organizaĵoj: Asocio de Esperantistoj en Slovaka Socialisma Respubliko, Asocio de Sovetaj Esperantistoj, Bulgara Esperanto-Asocio, Centra Laborrondo Esperanto en Kulturligo de GDR, Ĉeĥa Esperanto-Asocio, Pola Esperanto-Asocio, Hungara Esperanto-Asocio kaj Vjetnama Pacdefenda Esperantista Asocio.

La partoprenintaj delegitaroj traktis komuninteresajn problemojn de la internacia Esperanto-movado, interŝanĝis spertojn kaj informojn pri la kunlaboro inter siaj landaj organizaĵoj, aparte substrekante la rolon de Esperanto en la internacia pacbatalo. Oni plue akcentis la necesan de sistema edukado kaj kvalifikado de esperantistaj aktivuloj, la esploron de la sciencaj aspektoj de Esperanto kaj la aplikon de la Internacia Lingvo por scienco kaj tekniko. La delegitoj interkonsentis pri aktivecoj rilatantaj la celebradon de la 1300-jara jubileo de la Bulgara Ŝtato en 1981. La Konsultiĝo notis sian maltrankviliĝon pri la akriĝo de la internaciaj rilatoj. *Oni esprimis sian esperon, ke la tutmonda esperantistaro en sia agado ne allasos negativajn sekvojn de tiu akriĝo.* La partoprenintaj organizaĵoj emfazis sian pretecon ĉion fari por harmonia pluevoluigado de la internacia Esperanto-movado, substrekante, ke *necesas reciproka respekto de la interesoj, vidpunktoj kaj enlandaj labormetodoj.*

La Konsultiĝo akceptis rezolucion solidare al la popoloj kaj la esperantistoj de Vjetnamio, Laoso kaj Kampuĉio.

Al la Bulgara Esperanto-Asocio la partoprenintaj delegitoj esprimis sian dankon pro la bonegaj laborkondiĉoj, kiuj ebligis intensajn kaj rezultodonajn traktadojn.

Sofio, 23.4.1980

entenis detalajn informojn pri la rezultoj, kio jam indikis pri gravaj antaŭstarantaj politikaj ŝanĝoj

La 22-a konsultiĝon unuan fojon oficiale partoprenis reprezentantoj de UEA, nome ties vicprezidanto *Yosimi Umeda* kaj la ĝenerala direktoro de la Centra Oficejo de UEA, *Simo Milojević*.

La konsultiĝojn ĝenerale partoprenis la prezidantoj, sekretarioj kaj reprezentantoj de la respektivaj junularaj organizoj.

Fojfoje dum la konsultiĝoj aperis malagrablaj kvereloj, kiuj estis ligitaj al internaj lando-movadaj problemoj. Plurfoje Pola Studenta Esperanto-Komitato de Asocioj de Polaj Studentoj (PSEK) ne povis interkonsentiĝi kun PEA aŭ kun Pola Esperanto-Junularo (PEJ) pri sia reprezentiĝo kaj postulis samrajtan partoprenon. Tio estis kontraŭ la interkonsentoj inter la landaj asocioj, kiuj principe antaŭvidis po tri delegitojn (prezidanto, sekretario, junulara reprezentanto). Dum la 12-a konsultiĝo estiĝis konflikto inter la jugoslavia observanto kaj reprezentanto de VPEA. La jugoslavia observanto ne akceptis la interpreton de la vjetnama deligito pri la vjetnama milito kaj eĉ minacis misatenti la konfidencan karakteron de la konsultiĝoj publikigante detalojn, kion li tamen ne faris.

La ĉefajn celojn de la konsultiĝoj mi resumas jene:
- plifirmigi, pliprofundigi kaj kunordigadi la ĉiuflankan kunlaboron inter la asocioj, tiel kontribuante sur specifa tereno al la amikeco kaj kunlaboro de la soclandoj
- reciproke informiĝi pri la stato de la landaj movadoj kaj interŝanĝi spertojn pri pli efika landa kaj internacia agadoj
- interkonsenti pri bazaj problemoj de strategio kaj taktiko de la Esperanto-movado en la soclandoj kaj pri kiom eble komuna agado en MEM, UEA,

TEJO kaj en aliaj Esperanto-organizaĵoj, aparte lige al elektoj de estraroj kaj komitatoj kaj pri la dumkongresa aktivado
- reciproke plifirmigi sian pozicion antaŭ la enlandaj politikaj kaj ŝtataj aŭtoritatoj per atentigo pri la situacio en la "frataj" landoj kaj la rekomendoj de la konsultiĝoj.

Tiujn ĉefajn celojn la konsultiĝoj principe atingis.

La ampleksaj tagordoj de la konsultiĝoj inkludis konkretan traktadon de problemoj de la movada organizado, venko super la valuto-problemoj inter Oriento kaj Okcidento, varbado, instruado en lernejoj, scienc-teknika apliko, interlingvistiko/esperantologio, junulara agado, eldonagado, preparo de diversaj aranĝoj k.s. La tagorderoj ĝenerale estis enkondukitaj per analizoj kaj raportoj aŭ enhavis argumentitajn proponojn. Iom post iom fariĝis kutimo, ellabori internajn rekomendojn por la landaj asocioj. La 11-a Konsultiĝo 1979 en la hungara Višegrad ekz. akceptis 38 rekomendojn pri la sekcioj ĝeneralaĵoj (tutmonda movado), porpacaj agadoj (MEM ktp.), UEA, Junularo (i.a. TEJO), kunlaboro inter la asocioj de la Konsultiĝoj (amikeckontraktoj, aranĝoj ktp.) kaj apliko de Esperanto en naturscienco kaj tekniko.

La klopodoj atingi raportadon de la unuopaj delegitaroj pri la plenumo de la laste akceptitaj rekomendoj nur parte estis sukcesaj.

La konsultiĝoj supozeble pozitive influis la fondon de la sovetia kaj kuba asocioj. Oni kompreneble interŝanĝis siajn vidpunktojn pri la okazigo de kongresoj de UEA kaj de TEJO en iu soclando. La konsultiĝoj grave subtenis GDREA-n, kiu dum la unuaj jaroj estis nesperta pri UEA kaj kiu ricevis fortan helpon, kiam ĝi en 1976 volis aliĝi kiel landa asocio al UEA. Subtenon ankaŭ ricevis la asocioj ĉeĥa kaj slovaka en 1970 kaj la kuba en 1983. Ankaŭ la komuna sinteno al *Ivo Lapenna* ludis rolon. Ofte temis pri la solidareco kun Vjetnamio. La partoprenon de vjetnama delegito en la konsultiĝoj, sed ankaŭ dum la kongresoj, plurfoje pagis soclandaj asocioj, aparte la bulgara kaj hungara. Ke en Vjetnamio dum la milita tempo povis aperi pli ol 70 titoloj, ankaŭ estis faciligita per la subteno de la soclandaj asocioj (i.a. per vasta distribuo de la vjetnamaj presaĵoj).

Ĉu "Moskvo diktis" al la Konsultiĝoj?

Nu, neniu diktis ion ajn al la landaj asocioj, eĉ ne Moskvo. Tute kontraŭe, la konsultiĝintaj asocioj ofte estis tre malfeliĉaj pri la tre limigitaj ebloj de la sovetiaj partoprenantoj kontribui ion substancan al la kunlaboro. Ne ĉiam partoprenis kompetentaj kaj bone informitaj delegitoj en la konsultiĝoj, nek en la Universalaj Kongresoj. La kolegoj el la soclandoj intensive kaj daŭre klopodis konvinki la sovetiajn kolegojn fondi asocion, kaj kiam ĝi estis fondita, ke estus utile finfine aliĝi al UEA – sensukcese. Intertempe ni estas pli bone informitaj pri la internaj malfacilaĵoj, malfidoj kaj bremsoj, kiujn devis elteni la sovetia movado kaj ĝiaj reprezentantoj.

Krome necesas substreki, ke la asocioj estis absolute liberaj, konsideri aŭ ne konsideri la interŝanĝitajn spertojn kaj la akceptitajn rekomendojn. Pro tio multaj bonaj ideoj kaj rekomendoj restis nerealigitaj, aliaj realiĝis.

Sendube la konsultiĝoj estis fortiga kaj evoluiga elemento por la agado de la asocioj de la soclandoj. Ili ankaŭ havis stabiligan efikon al UEA, aparte post la problemoj lige al la eksprezidanto de UEA, prof. *Ivo Lapenna*, kaj lia "neŭtrala" organizaĵo. Oni tamen devas vidi, ke ilia signifo estis malsama por la unuopaj asocioj. Kiom tio validas, devus juĝi la iamaj kolegoj de la aliaj asocioj.

Apenaŭ alia grupo de asocioj tiom intensive klopodis kunlabori por kaj per Esperanto. Tiu kunlaboro komprenebie okazis laŭ la specifaj kondiĉoj, ebiecoj kaj limigoj, kiuj regis en la koncernaj landoj. Estas do ĝojinde konstati, ke la ideo de regulaj konsultiĝoj pluvivas, komprenebie kun malpli politika fono. Ilin okazigadas la mezeŭropaj asocioj, el kiuj la plej multaj venas el la iamaj soclandoj.

4.4 Kelkaj problemoj kaj tabuoj

Malgraŭ certaj komunaj interesoj de la asocioj de la soclandoj, la historiaj radikoj, la laboreblecoj kaj la sintenoj pri difinitaj problemoj estis tre diversaj, same kiel en la granda politiko. Do skribante pri "problemoj" kaj "tabuoj" mi konscias, ke iuj problemoj kaj tabuoj en unu lando ne devis same gravi en alia lando. Mi elektas ses, kiuj al mi ŝajnas aparte gravaj:

1. En Bulgario, Hungario kaj Pollando Esperanto oficiale estis instruita en la *lernejoj*[48]. Tio ekz. por GDR estis neimagebla, kvankam ja ekzistis Esperanto-rondoj en la posttagmezaj programoj de kelkaj lernejoj kaj Esperanto-feriadoj por infangrupoj. Ankaŭ en Sovetunio mem regis malsamaj kondiĉoj en la unuopaj respublikoj. Kio eblis en la Estona kaj Litova Sovetiaj Respublikoj (ekz. instruado de Esperanto en lernejoj) en la Rusa Federa Respubliko ne povis realiĝi. En GDR la rusa lingvo havis tian privilegian situacion, ke necesis tre atenti kaj ne prezenti Esperanton kiel konkuranton. La ministrino por popola klerigado ja estis Margot Honecker, la edzino de la ŝtatĉefo...

---

[48] Tamen, kiel informis min Ulrich Lins en retmesaĝo de 10.9.03, István Szerdahelyi, la gvidanto de la Fako Esperanto en la Universitato de Budapest, iam diris al li, "ke hungaraj esperantistoj ricevis la sekretan instrukcion fari nenion, kio malpliigus la signifon de la rusa".

2. Aparte malagrablaj estis la diversaj *limigoj de vojaĝeblecoj*, kiuj tamen variis laŭlande. En siaj raportoj pri la Universalaj Kongresoj, GDREA ĉiam atentigis pri la pli multnombra partopreno ekz. el Bulgario, Hungario kaj Pollando, foje ankaŭ el Ĉeĥoslovakio. Sed tio nenion helpis, nur iom ŝanĝigis post 1985.

3. La klopodoj *kunlabori kun sovetiaj esperantistoj* ofte estis tre unuflankaj. Estis facile inviti sovetiajn gastojn, sed ili malfacile ricevis vojaĝpermeson. Ni ja sciis pri la komplikaĵoj kaj klopodis diversmaniere helpi. Grandaj kvantoj da gazetoj estis senpage senditaj i.a. el Bulgario, Hungario kaj GDR al sovetiaj Esperanto-grupoj kaj unuopuloj. Mi ĝojis, kiam dum lastatempaj renkontiĝoj kun ekssovetunianoj ili tion pozitive aprezis. Ni ofte tenis neoficialajn rilatojn kun unuopaj esperantistoj kaj grupoj, preter la Esperanto-Komisiono kaj ASE, por pli bone kompreni la komplikan situacion kaj por povi konvene helpi. Kelkaj alte estimataj esperantistoj, ekz. *Semjon N. Podkaminer*, tute ne estis ŝatataj ĉe la sekretarioj de la sovetiaj Esperanto-organizaĵoj. Kvazaŭ proteste ni honorigis kaj laŭdis lin, publikigis pri li artikolojn k.s. Ke kelkaj funkciuloj de la soclandaj asocioj ne estis ŝatataj de siaj profesiaj kolegoj, inter ili mi, estis komprenebla kaj rigardebla kiel certa distingo. Ni ja honeste kaj konvinkite laboris por Esperanto. Iuj sovetiaj sekretarioj de Esperanto-Komisionoj aŭ poste de ASE evidente ne vere havis pozitivan sintenon al la movado. Ĉe ni kreskis la impreso, ke ili kaj ne emis agadi por Esperanto kaj samtempe estis katenitaj de siaj ĉefoj. Duobla handikapo. Al ili ne nur mankis akceptebla lingvo-nivelo sed ankaŭ reputacio ĉe la sovetiaj esperantistoj mem. Intertempe pli bone konante la fakton, ke la neesperantistaj aŭtoritatoj kaj la komisiitaj "respondecaj sekretarioj" ne interesiĝis pri la progresigo de la Esperanto-movado, eĉ havis la taskon ĝin bremsi kaj kontroli, oni eble povas esti iom indulgema.

Aliflanke necesas elstarigi la bonegan kaj foje riskan agadon de multaj sovetiaj esperantistoj, kiuj siaflanke ankaŭ helpis al la soclandoj. Krom jam menciitajn inter ilin mi ankaŭ kalkulas – inter alie (!)[49] *Vladimir Samodaj*, *Magomet Isajev* kaj *Boris Kolker*. *Isajev* kiel prezidanto de KILSE kaj poste de ASE ne havis facilan pozicion. Lia laboro ne ĉiam estis bone taksata de nur praktike orientitaj movadanoj, kiuj mezuris laŭ aliaj kriterioj[50]. Lia scienca agado ne estis neglektinda. Ankaŭ mi persone multon dankas al li.

Retrorigarde oni devas konsideri la grandegajn malfacilaĵojn, kontraŭ kiuj sovetiaj esperantistoj devis batali (kp. Cibulevskij 1994; 2000; Bronŝtejn 1998, Samodaj 1999).

4. Malgraŭ la fakto, ke **SAT** en la historio de la Esperanto-movado estis la ĉefa laborista Esperanto-organizaĵo kun grava tradicio, ĝi ne estis subtenata en la soclandoj. Tio estis bedaŭrinda rezulto de la malvasthorizonta aliro al la problemo de kritiko en la soclandoj, tipa por la ĉi-rilata sociordo. Kvankam mi tion hodiaŭ rigardas kiel grandan eraron, siatempe ne ekzistis alia ebleco. En la unuopaj landoj kritikon kontraŭ Sovetunio kaj kontraŭ la socialisma sistemo entute oni malfacile toleris. Kaj post la skismo de LEM, SAT ja havis tre kritikan sintenon al Sovetunio. Krom tio en kelkaj soclandoj la ĉefan influon havis tiuj iamaj laboristaj esperantistoj, kiuj estis komunism-tendencaj iamaj membroj de IPE.

5. Tabua temo en la soclandoj ankaŭ estis la ***persekutoj sub Stalin***, pri kiuj *Ulrich Lins* verkis studojn kaj ĉapitron en "Esperanto en Perspektivo" (1974).

---

[49] Mi skribas "inter alie", ĉar ne eblas mencii ĉiujn elstarajn sovetiajn esperantistojn, kiuj malgraŭ ĉiuj obstakloj faris vere mirindan agadon kaj eldonis "samizdatojn" (sen ŝtata permeso eldonitaj presaĵoj).

[50] Ĉi-rilate valoras legi la memorojn de Isajev en Rusia Esperanto-Gazeto (REGO), n-roj 14 kaj 15 (2003).

Liaj libroj nur aperis en 1988. Ke ne estis oportune skribi aŭ publike paroli pri tiuj persekutoj, okcidentaj esperantistoj post la lego de ĉi tiu eseo eventuale pli bone komprenos. Post la faligo de *Ĥruŝĉov* la krimoj de Stalin kiel temo pli kaj pli malaperis el la publikaj komunikiloj. Oni distordis la historion favore al liaj "meritoj" kaj nur perifere menciis liajn "erarojn". La kontraŭkritika atmosfero estis tia, ke prezento de la krimoj de Stalin povis esti interpretita kiel kontraŭsovetia k.s. Tamen, ni kolektis ĉiun eblan ĉirilatan materialon, por havi – se necese – materialon por averti kontraŭ ripeto de la pezaj eraroj kaj krimoj de la pasinteco.

6. Fine de la 60aj jaroj, aparte en rondoj de TEJO, estis diskutoj pri lingva demokratio kaj ***lingvo-imperiismo***. Tiuj diskutoj estis direktitaj kontraŭ la hegemonia rolo de la grandaj lingvoj, aparte kontraŭ tiu de la angla, sed ankaŭ de la franca kaj rusa. Paroli pri la rusa en la rilato kun lingva imperiismo estis tikla afero por esperantistoj el la soclandaj asocioj. Sekve oni (kaj ankaŭ mi mem) substrekis la samrajtecon de la 130 lingvoj en Sovetunio kaj la sendube grandajn lingvo-planadajn aktivaĵojn, aparte dum la tempo de *Lenin*. Ke tio tamen estis nur unuflanka prezento kaj ja necesintus vidi la hegemonian rolon de la rusa, mi hodiaŭ devas konfesi.

Denove atentigante pri la diferencoj en la unuopaj soclandoj, pri fortecoj kaj malfortecoj, mi taksas, ke la politike plej liberala klimato por la evoluo de la movado verŝajne regis en Hungario kaj Pollando. Ankaŭ en Bulgario ekzistis bonaj ebloj por praktika agado, ofte kun forta ŝtata subteno.

4.5 Pri la "komunista puĉo" kontraŭ Ivo Lapenna

UEA kun sia junulara asocio TEJO estis la ĉefaj internaciaj Esperanto-organizaĵoj, kun kiuj kunlaboris la soclandaj asocioj. Tiu kunlaboro sub la gvidado de *Ivo Lapenna* (ĉu kiel ĝenerala sekretario ĉu poste kiel prezidanto) dum certa tempo estis senproblema, aparte por la jam frue aliĝintaj asocioj kiel la bulgara, hungara kaj pola, kiujn Lapenna subtenis. La statute postulita neŭtraleco de ĉiu aliĝinta landa asocio (do ne nur de UEA) baris la vojon al la novaj asocioj en Ĉeĥoslovakio kaj GDR, por ne paroli pri la sovetia movado. Krom tio ne eblis diskuti gravajn sociajn problemojn pro la koncepto de neŭtraleco, kiu estis komprenata tro sterile. Sendube kaj prave Lapenna estis akceptita kaj estimata kiel unu el la ĉefaj motoroj de UEA post la Dua Mondmilito. Lia situacio tamen estis komplika. Li forlasis Jugoslavion jam fine de la 40-aj, komence de la 50-aj jaroj, kiam en Usono regis McCarthy-ismo. Dekstraj usonaj esperantistoj lin akuzis esti agento de Moskvo. Aliflanke li kritike okupiĝis pri la sovetia punjustico, tikla temo por la soclandoj. Sendepende de tio: Bedaŭrinde li ne komprenis la historiajn ŝanĝojn fine de la 60aj, komence de la 70aj jaroj kaj la deziron de la asocioj el la soclandoj ludi en UEA rolon konvenan al ilia intertempe atingita kvalito kaj kvanto. Ankaŭ la persona kulto pri li, al kiu li ne kontraŭstaris, ne ŝajnis vere utili al li. En nekrologo por "der esperantist" (24[1988]3 [148], p. 42) post prezento de liaj meritoj (i.a. modernigo de UEA, seriozigo de informado pri Esperanto, modela parola stilo, CED kaj la lingvistika revuo "La Monda Lingvo-Problemo") mi siatempe skribis:

"La meritoj de Ivo Lapenna estas sendubaj. Neniu serioza esperantisto povas aŭ volas ilin nei. Sed bedaŭrinde fine de la sesdekaj kaj komence de la

70-aj jaroj kreskis kontraŭdiroj inter li kaj ne malgrandaj partoj de la gvidantaro de la internacia Esperanto-movado. Nekompreno pri la ŝanĝiĝinta internacia monda situacio, pri la bezonoj de UEA al pli vasta universaleco, troa sentemo rilate al objektiva kritiko, certa pensmaniero influita de la 'malvarma milito' kondukis lin en direkton, kiu finfine bremsis la pluan evoluon de la asocio. 1974, dum la 59-a Universala Kongreso en Hamburgo, vidante ke li ne plu havos ŝancon esti reelektita kiel prezidanto de UEA, li eĉ malmembriĝis. Li poste agadis en la tiel nomata 'Neŭtrala Esperanto Movado', kiu havis sufiĉe dekstrajn poziciojn kaj tute ne estis 'neŭtrala'. Tiuj liaj miskomprenoj kaj misjuĝoj dum la lasta periodo de lia esperantista agado apartenas al lia persona tragiko. Sed ili neniel povas dubindigi lian eksterordinare grandan kaj altkvalitan kontribuon, kiun li donis al la postmilita evoluo de Esperanto kaj de ĝia parolantaro".

Al la artikolo mi aldonis bibliografion kun 14 el liaj verkoj.

Intertempe la konfrontiĝo inter la blokoj finiĝis. Kaj estas tute en ordo, ke lia foto nun pendas en prestiĝa loko de la Centra Oficejo de UEA en Rotterdam.

Bedaŭrinde lastatempe fojfoje reaperas la absurdaj asertoj pri "komunisma puĉo" kaj diversaj presaĵoj, kiuj personkulteme trogloriĝas *Ivo Lapenna* kaj ne vere servas al konvena memoro pri li (kp. ekz. Minnaja 2001). La artikolkolekto de la grupo Perspektivo (kp. Perspektivo 2002) iom relativigas kelkajn nedefendeblajn asertojn, kvankam ankaŭ ĝi ne elĉerpe priskribas la kompleksan problemaron.[51]

---

[51] La libro enhavas kontribuojn de *Dimitrij Cibulevskij* (Charkiv/Ukrainio), *Nikola Aleksiev* (Sofio/Bulgario), *Wim M.A. De Smet* (Kalmthout/Belgio), *Gregoire Maertens* (Brugge/ Belgio) kaj *Dermod Quirke* (Halifax/Britio).

Ni do restu ĉe la historiaj faktoj: Tiom longe, kiam ne ekzistis vera alternativo al la prezidanto *Lapenna*, estis ĝuste la reprezentantoj de la soclandaj asocioj, kiuj pledis por lia reelekto, tiel *Nikola Aleksiev* dum la 56-a UK 1971 en Londono, kiam la kontraŭkandidato estis *E.L.M. Wensing*, kiu sendube gajnintus la elektojn, se la soclandaj komitatanoj estus voĉdonintaj por li. (*Wensing* akiris 21 voĉojn, *Lapenna* 26, kun tri sindetenoj, kp. Perspektivo 2002, p. 36). Eĉ se la komitatanoj de la soclandoj volintus "faligi Lapenna", ili ne sukcesintus. Dum la komitataj kunsidoj de la 59-a UK 1974 en Hamburgo aperis 49 komitatanoj kaj estis elektitaj 13 C-komitatanoj, do entute partoprenis 62 voĉdonrajtaj komitatanoj. De tiuj nur 18 venis el la landoj de la konsultiĝoj. Post kiam fariĝis klare, ke kandidatos *Humphrey Tonkin*, ili voĉdonis por *Tonkin*. Tio estis unu opozicia grupeto. La du aliaj estis opoziciantoj el TEJO kaj homoj nekontentaj pri la gvidstilo de *Lapenna*.

Sub la prezidanteco de *Tonkin* la statuto de UEA estis adaptita al realaj bezonoj. Tio signifas, ke la landa asocio, kiu intencis aliĝi al UEA, ja devis respekti la neŭtralecon de UEA, sed ne mem devus esti neŭtrala. Siajn internajn bezonaĵojn la landaj asocioj mem reguligu. Tio – sub la tiamaj politikaj kondiĉoj – ebligis la aliĝon al UEA de la asocioj de GDR, Ĉeĥio, Slovakio, poste ankaŭ de Kubo (kaj verŝajne ankaŭ de Ĉinio).

Se jam temas pri meritoj por UEA, estus tempo, elstarigi la gravan rolon de *Humphrey Tonkin,* ne nur kiel prezidanto de TEJO dum la gvidperiodo de Lapenna, sed aparte dum la periodo post Lapenna. Li ne nur kapablis gvidi UEA el la malfacila situacio, sed ankaŭ sciis harmonie kunlabori kun la diverstendencaj landaj asocioj, en reciproka respekto. Sub lia saĝa kaj energia prezidanteco UEA kapablis valortaksi kaj uzi la konsiderindan potencialon de la soclandaj Esperanto-asocioj por la bono de UEA. Kaj la asocioj en UEA mem havis la eblecon kunlabori en normala atmosfero. Estis reciproka utilo. Tiu politiko ankaŭ estis daŭrigata sub la prezidanteco de *Gregoire Maertens* kaj post li denove sub *Tonkin*.

Cetere, mi bone komprenas, ke *Ivo Lapenna* siatempe ne estis feliĉa pri la intencoj de la Esperanto-organizaĵo de GDR aliĝi al UEA. Ja restas fakto, ke okazis malagrabla kaj politike absolute stulta prezentiĝo de GDR-diplomato dum la solena inaŭguro de la 51-a UK 1966 en Budapest. Tie salutis la kongreson *Wilhelm Meißner*, la ambasadoro de GDR, kiu samtempe estis dojeno de la diplomataro. Bedaŭrinde li estis malĝuste konsilata de la siatempa prezidio de CLE kaj faris politikan paroladon pri la usona imperiismo kaj la milito kontraŭ Vjetnamio. Lia kritiko de la usona imperiisma politiko ja siatempe estis prava (kaj evidente tia kritiko nuntempe estus pli ol prava), sed taktike ĝi estis absolute malkonvena kaj diplomate ege stulta. La parolado estis tradukita de saksa-dialekta esperantisto. Lia tradukaĵo lingve estis kompleta katastrofo kaj do aldone fortigis la malfeliĉan impreson. Dum la sekvaj kongresoj, kiujn partoprenis delegitaroj de GDREA, por UEA ne plu estis apartaj kialoj por plendi. Sub la saĝa gvido de la prezidanto de GDREA kaj profesia diplomato *Rudi Graetz* ni rapide lernis moviĝi en diplomatia medio kaj komprenis la necesan respekti la neŭtralecon de UEA al reciproka bono.

4.6 Kelkaj atingoj

Retrorigardante la evoluon de Esperanto en la eŭropaj soclandoj, kun la menciitaj esceptoj, oni povas konstati, ke ĝuste en tiuj landoj, kie pro la stalinismo antaŭe la kondiĉoj por Esperanto estis malfavoraj, la Esperanto-movado faris konsiderindan evoluon kaj atingis relative bonan socian prestiĝon. Kvankam la movado havis la menciitajn limigojn, laŭ kelkaj aspektoj ĝi kvante kaj kvalite superis la movadon en la okcidentaj landoj. Al la monda movado ĝi donis sian kontribuon, kiu estas rimarkebla ĝis hodiaŭ, malgraŭ la grava malfortiĝo, kiu okazis pro la tranĉaj politikaj ŝanĝoj post 1989.

Se oni rigardas la tutan teritorion de la soclandoj – kun ĉiuj jam menciitaj diferencoj – oni povas mencii, certe nekomplete, jenajn ĉefajn atingojn:

- relative fortaj asocioj, (6 soclandaj asocioj konsistigis ĉ. 45 % de ĉiuj kolektivaj membroj en UEA)
- relative stabila organiza strukturo kun profesiaj oficejoj, kulturdomoj kaj aliaj entreprenoj
- konsiderinda ŝtata subvencio
- bona sistemo de kunlaboro inter la asocioj
- vigla eldonagado (literaturo kaj revuoj en relative altaj eldonkvantoj)
- relative vasta instruado en lernejoj kaj en aliaj kadroj
- eldono de bonkvantaj instrumaterialoj kaj vortaroj en ŝtataj eldonejoj
- kursoj en universitatoj (parte lektoratoj)
- konsiderinda evoluo de interlingvistiko/esperantologio en universitataj kadroj
- faka apliko (aparte aktiva rolo en fakaj asocioj)
- kunlaboro kun neesperantistaj partneroj (politikaj, fakaj, sociaj)
- turismo (en 1988 de 433 ofertoj de la turisma kalendaro de Monda Turismo 277 venis el ses landoj, t.e. 64 %)
- la plej grandaj Universalaj Kongresoj en la historio de Esperanto (1959 Varsovio: 3256 aliĝintoj; 1963 Sofio: 3472; 1966 Budapest: 3975; 1978 Varna: 4414; 1983 Budapest: 4834; 1987 Varsovio: 5946)
- evoluinta kultura vivo (korusoj, teatro-grupoj, kulturaranĝoj)
- radiofonio (Varsovio, Budapest, Sofio)
- vigla publika gazetara laboro (ekz. en GDR inter 1977–1989 aperis jare 150–400 artikoloj, televidaj kaj radio-programoj en aliaj soclandoj)

5. Konkludoj

La eseo klopodis i.a. montri, ke ĉiam tra la historio la Esperanto-movado estis influita de konkretaj historiaj cirkonstancoj. Foje oni klopodis tion eviti per t.n. neŭtraleco. Foje oni klare substrekis la politikan utilon de Esperanto kaj ankaŭ devis akcepti kompromisojn. La diskuto pri neŭtraleco fariĝis aparte grava, kiam la gvidantoj de la movado – konsciaj pri la persekutoj, kiujn devis suferi la Esperanto-movado – prave timis, ke unuflanka politika sinengaĝo nur povas malutili al la movado en regiona aŭ eĉ tutmonda skalo.

Aliflanke sterila neŭtraleco povus fariĝi grava bremso por la evoluo de la movado kaj eĉ dubindigi la humanisman mesaĝon de Zamenhof.

La Esperanto-asocioj en la plej multaj eŭropaj soclandoj, malgraŭ ĉiuj problemoj, sendube evoluis al la post la Dua Mondmilito regione plej fortaj. Estus valore, detale priskribi ilian historion inter 1945–1989. Kvankam la unuopaj asocioj havis siajn politikajn limigojn, problemojn kaj proprajn interesojn, ili tamen trovis bonan vojon al utila kunagado en UEA, TEJO kaj en aliaj organizaĵoj, je reciproka bono kaj je la fortigo de la tutmonda Esperanto-movado. Ke tio eblis, ankaŭ dankindas al la saĝa konsidero de la specifaĵoj de tiu regiono flanke de enlandaj agantoj, estis kunrezulto de la kunlabora sistemo kaj ankaŭ ŝuldiĝas al la gvidantoj kaj influhavaj personoj de UEA, aparte post 1974.

Jam estas akceptite, ke la parolkomunumo de Esperanto estas kaj estu tiom bunta kiom la ĝenerala vivo, kvankam kun escepto de rasismo kaj klare faŝismaj kaj militarismaj tendencoj. En la nuna tempo oni devas sin demandi, ĉu la lingvo-komunumo ne devus pli forte engaĝi sin por klare necesaj nuntempaj alternativaj movadoj, aparte kun movadoj, kiuj agas kontraŭ la negativaj sekvoj de senbrida, laŭaserte nur merkate stirata, profitorientita kaj detrua globalismo (tutmondismo), kiu ankaŭ minacas la lingvo-ekologian pejzaĝon de la mondo, kiel la civilizon entute. Se la esperantistaro ne plue volas ŝrumpi, ĝi devas serĉi pli da kontaktoj al alternative pensantaj junaj engaĝiĝemaj homoj, kiuj ne nur insistas pri amuzo ("fun"). Tiam ĝi trovos novajn valorajn kunagantojn por siaj specifaj lingvo-politikaj celoj kaj krome povos kontribui al la solvo de aliaj monde gravaj problemoj.

Pri la movado sur la "alia flanko"

6 Mallongigoj

AESSR	Asocio de Esperantistoj en Slovaka Socialisma Respubliko
ASE	Asocio de Sovetiaj Esperantistoj
BEA	Bulgara Esperanto-Asocio
ĈEA	Ĉeĥa Esperanto-Asocio
CED	Centro de Esploro kaj Dokumentado pri la Monda Lingvo-Problemo
CLE	Centra Laborrondo Esperanto (en Kulturligo de GDR), antaŭulo de GDREA
EKRELO	Eldonkooperativo de Revolucia Esperanto-Literaturo
FET	Fédération Espérantiste du Travail
GDR	Germana Demokratia Respubliko
GDREA	Esperanto-Asocio [en Kulturligo] de GDR
GEA	Germana Esperanto-Asocio
GLEA	Germana Laborista Esperanto-Asocio
HEA	Hungara Esperanto-Asocio
IPE	Internacio de Proleta Esperantistaro
ISE	Internacio de Socialistaj Esperantistoj
JEL	Jugoslavia Esperanto-Ligo
KEA	Kuba Esperanto-Asocio
KILSE	Komisiono pri Internaciaj Ligoj de Sovetiaj Esperantistoj en la Unuiĝo de Sovetiaj Societoj de Amikeco kaj Kulturaj Ligoj kun Eksterlandoj
KOMINTERN	Komunista Internacio
KPD	Kommunistische Partei Deutschlands (Komunista Partio de Germanio)
LEA	Laborista Esperanto-Asocio
LEM	Laborista Esperanto-Movado
LMLP	La Monda Lingvo-Problemo (poste LPLP)
LPLP	Language Problems & Language Planning (antaŭe LMLP)
MEM	Mondpaca Esperantista Movado
NDEB	Neue Deutsche Esperanto-Bewegung ([faŝisma] Nova Germana Esperanto-Movado)
PEA	Pola Esperanto-Asocio
PEJ	Pola Esperanto-Junularo
PSEK	Pola Studenta Esperanto-Komitato de Asocioj de Polaj Studentoj

SA	Sturmabteilung (batal-organizaĵo de faŝisma Germanio)
SAT	Sennacieca Asocio Tutmonda
SED	Sozialistische Einheitspartei Deutschlands (Socialisma Unuiĝinta Partio de Germanio, fakte nur de GDR)
SEU	Sovetrespublikara Esperantista Unio
Soclandoj	socialismaj landoj
TEJO	Tutmonda Esperantista Junulara Organizo
UEA	Universala Esperanto-Asocio
VPEA	Vjetnama Pacdefenda Esperantista Asocio

7. Literaturo

Aĥmanova, Olga S./ Bokarev, Evgenij A. (1956): Meždunarodnyj vspomogatel'nij jazyk kak lingvističeskaja problema. En: Voprosy jazykoznanija (Moskvo), Vol. V, N-ro 6, p. 65–78 (Internacia helplingvo kiel lingvistika problemo)

Aleksiev, Nikola (1980): Petdeset godini/Kvindek jarojn Bulgara Laborista Esperanto-Asocio 12.7.1930 – 12.7.1980. Sofia: Bulgara Esperanto-Asocio, 40 p.

Barna, Zoltán (1986): La laborista Esperanto-movado en Hungario (1913–1934). Budapest: Hungara Esperanto-Asocio, 185 p.

Benczik, Vilmos (1990): Esperanto kaj la molaj diktaturoj. En: Hungara Vivo (XXX): 3–4, p. 91–93

Blanke, Detlev (1984): Renkontiĝo kun Grigorij Demidjuk. En: der esperantist, 20, N-ro 123 (1), p. 5–7 (kun bibliografio de la verkaro de Demidjuk)

Blanke, Detlev (1985): Internationale Plansprachen. Eine Einführung. Berlin. Akademie-Verlag, 408 p.

Blanke, Detlev (1986a, Red.): Sociopolitikaj aspektoj de la Esperanto-movado. Budapest: Hungara Esperanto-Asocio (unua eldono: Budapest 1978), 228 p.

Blanke, Detlev (1986b): La Internacio de Proleta Esperantistaro (IPE). En: Blanke 1986a, p. 50–62

Blanke, Detlev (1988): La gazeto „Völkerspiegel". En: Čolić, Senad (1988, Red.): Sociaj aspektoj de la Esperanto-movado. Kolekto de referaĵoj. Sarajevo: Esperanto-Unio de Boznio k Hercegovino (136p.), p. 59–63

Blanke, Detlev (1990): Pri Esperanto en GDR (1945–1990). Skizo de la historio de GDREA: En: der esperantist 26, N-ro 164(6), p. 121–137 (ekzistas germana traduko de Ino Kolbe, vd. Blanke 1991b)

Blanke, Detlev (1991a): La historio de EKRELO. En: Zajĉev, Igor/Ŝevĉenko, Aleksandr (1991, Red.): Impeto '91. Soci-politika kaj beletra almanako. Moskvo:Progreso, p. 69–89

Blanke, Detlev (1991b): Skizze der Geschichte des Esperanto-Verbandes in der Deutschen Demokratischen Republik. Aus dem Deutschen von Ino Kolbe. Berlin: Esperanto-Verband im Kulturbund e.V., 62 p.

Blanke, Detlev (1993a): Auswahlbibliographie zur Erforschung der Geschichte der Arbeiter-Esperanto-Bewegung. Elekta bibliografio pri esploroj pri la historio de la laborista Esperanto-movado. En: Noltenius 1993, p. 92–101

Blanke, Detlev (1993b): Germana Laborista Esperanto-Asocio 1911–1933. Historia skizo. Der Deutsche Arbeiter-Esperanto-Bund 1911–1933. Eine historische Skizze. En: Noltenius 1993, p. 19–43

Blanke, Detlev (1996) : EKRELO. En: Kolbe 1996, parto II, p. 69–78

Blanke, Detlev (2003a): Traditionen des Deutschen Arbeiter-Esperanto-Bundes (1911–1933) und ihre Rolle im Esperanto-Verband im Kulturbund der DDR (1965–1991). In: Zaib, Volker (2003, Hrsg.): Kultur als Fenster zu einem besseren Leben und Arbeiten. Festschrift für Rainer Noltenius. (Veröffentlichungen der Literaturkommission für Westfalen, Band 9). Bielefeld: Aisthesis, p. 605–644

Blanke, Detlev (2003b, Red.): Beiträge zur Geschichte des Esperanto-Verbandes im Kulturbund der DDR (von Rolf Beau, Ulrich Becker, Torsten Bendias, Dirk Bindmann, Detlev Blanke, Wolfgang Both, Rudolf Burmeister, Till Dahlenburg, Rainer Knapp, Linde Knöschke, Helmut Krone, Max Hans-Jürgen Mattusch, Monika Ludewig, Achim Meinel, Werner Pfennig, Marcus Sikosek, Janos Sipos, Fritz Wollenberg). Berlin: Arbeitsgruppe zur Erforschung der Geschichte des Esperanto-Verbandes im Kulturbund der DDR, 203 p.

Blanke, Detlev (2006): Interlinguistische Beiträge. Zum Wesen und zur Funktioj interrnationaler Plansprachen. Herausgegeben von Sabine Fiedler. Frankfurt/Main et al.: Peter Lang, 405 p.

Bociort, Florian (1998): La intelektularo, tiu grava, forgesita forto... Strategiaj konsideroj. En: Informilo por Interlingvistoj, 7 (tria serio), n-ro 24 (1), p. 1–9

Bronŝtejn, Mikaelo (1998): Legendoj pri SEJM. Moskvo: Impeto, 112 p.

Cibulevskij, Dimitrij M. (1994): SEJM. Historia skizo. Moskvo: Impeto, 204 p.

Cibulevskij, Dimitrij M. (2000): ASE (Asocio de Sovetiaj Esperantistoj). Historiaj notoj. Ĥarkiv: La aŭtoro, 384 p.

Fernandez, Alberto (2002): La ideologia stumblo inter socialismo kaj la Internacia Lingvo. En: Le Travailleuer Espérantiste. No 263 (Juin–Juillet–Août), p. 14–19

Fiedler, Sabine/Liu, Haitao (2001, Eld.): Studoj pri interlingvistiko. Studien zur Interlinguistik. Festlibro omaĝe al la 60-jariĝo de Detlev Blanke. Dobřichovice (Praha): KAVA-PECH, 736 p.

Jankova-Bojaĝieva, Maria T. (1983): La bulgara revolucia Esperanta gazetaro dum la periodo 1929–1934. Sofia: Bulgara Esperantista Asocio, 78 p.

Kamaryt, Stanislav (1983): Historio de la Esperanto-Movado en Ĉeĥoslovakio. Praha Ĉeĥa Esperanto-Asocio, 255 p.

Kolbe, Ino (1996): Zur Geschichte des Deutschen Arbeiter-Esperanto-Bundes in Leipzig (Westsachsen). Teil I und II. Von den Anfängen bis zum Verbot 1933. Teil I: Von den

Anfängen bis zum „Völkerspiegel" (1924), 64 + VIII p.; Teil II: 1925–zum Verbot (1933). Eine kommentierte Dokumentation. Herausgegeben, kommentiert und bearbeitet von Detlev Blanke. Leipzig: Landesverband Sachsen des Deutschen Esperanto-Bundes, 135+24 p.

Kuznecov, Sergej N. (1991): Drezen, lia verko, lia epoko. En: Drezen, Ernest K. (1991): Historio de la Mondolingvo. Tri jarcentoj da serĉado. Kvara Esperanto-eldono, (red. kaj komentis S. Kuznecov), Moskvo: Impeto (455 p.), p. 3–40

Lenin, Vladimir I. (1951): Kritische Bemerkungen zur nationalen Frage. Berlin: Dietz

Lins, Ulrich (1987a): Marxismus und Internationale Sprache. En: Duc Goninaz, Michel (1987, Red.): Studoj pri la internacia lingvo. Etudes sur la langue internationale. Studies on international language. Gent: AIMAV (155 p.), p. 26–39

Lins, Ulrich (1987b): La baraktado de IPE. Ĉapitro el la historio de la laborista Esperanto-movado. En: Serta gratulatoria in honorem Juan Régulo. Vo. II. Esperantismo, La Laguna: Universidad de la Laguna (790 p.), p. 353–369

Lins, Ulrich (1988a): Die gefährliche Sprache.Die Verfolgung der Esperantisten unter Hitler und Stalin. Gerlingen: Bleicher, 326 p.

Lins, Ulrich (1988b): La danĝera lingvo. Studo pri la persekutoj kontraŭ Esperanto. Gerlingen: Bleicher, 546 p. (dua eldono, Moskva: Progreso, 1990 568 p., (kun postparoloj de Detlev Blanke kaj Sergej N. Kuznecov)

Lins, Ulrich (2001): Internacio de Socialistaj Esperantistoj, ISE. En: Callesen, Gerd (2001, Eld.): Socialist Internationals – A Bibliography. Bonn: Bibliothek der Friedrich-Ebert-Stiftung

Minnaja, Carlo (2001, Red.): Eseoj memore al Ivo Lapenna. Eld. de www.kehlet.com (Danlando, loko??), 417 p.

Noltenius, Rainer (1993, Red.): Den Arbeitern aller Länder eine Sprache! Illustrierte Geschichte der Arbeiter-Esperanto-Bewegung. Al la laboristoj en ĉiuj landoj unu lingvon! Ilustrita historio de la Laborista Esperanto-Movado. Informationen 37/93. Katalog zur Ausstellung des Fritz-Hüser-Instituts Dortmund. Dortmund: Fritz-Hüser-Institut für deutsche und ausländische Arbeiter-Literatur, 113 p. (la kontribuoj aperas en la germana kaj en Esperanto)

Perspektivo (2002): Universala Esperanto-Asocio en la periodo 1970 – 1980. Tekstoj de la konkurso de la Premio Miyoshi. Kalmthout: Sonorilo, 80 p.

Podkaminer, Semjon N. (1986): Lenin kaj Esperanto. En: Blanke 1986a, p. 31–49

Rátkai, Árpád (1990): Longa marŝo de la movado en Orienta Eŭropo. En: Hungara Vivo (XXX) 3-4, p. 86–90

Samodaj, Vladimir (1999): Ne nur legendoj, ne nur pri SEJM. Homoj kaj epizodoj. Moskvo: Impeto, 175 p.

Schwarz, Adolf (1992): Survoje al Internacio de Proleta Esperantistaro. Faktoj, dokumentoj, rememoroj. Sofio: Pres-Esperanto, 223 p. (fakte finredaktita de N. Aleksiev)

Stalin, Iosif V. (1992): Marksismo kaj lingvoscienco. [Kun enkonduko de Ulrich Lins.] Jekaterinburg: Sezonoj, 42 p.

Stepanov, Nikolao (1990): La vivo kaj morto de Vladimir Varankin 1902–1938). En: Hungara Vivo N-ro 1, p. 25–31, N-ro 2, p. 56–57

De la sama aŭtoro aperis ĉe Mondial:

Interlingvistiko kaj esperantologio.

Bibliografio de la publikaĵoj de Detlev Blanke

de Detlev Blanke
Eld./Herausgeber:
Ulrich Becker

ISBN 9781595692023
242 paĝoj.

53-jaroj da publikigado: Dulingva (Esperanta kaj germana) bibliografio de unu el la plej agemaj kaj verkemaj interlingvistoj, esperantologoj kaj Esperanto-aktivuloj de la movado. Al liaj temoj apartenis: interlingvistiko kaj esperantologio; terminologia scienco; lingvopolitiko; Esperanto kaj instruado, instrumaterialoj; historio de la Esperanto-movado, kun fokuso sur la laborista Esperanto-movado; Esperanto-movado en (orienta) Germanio kaj internacia. En sia tuto, ĉi tiu bibliografio donas bildon de Detlev Blanke, kiu dum duona jarcento kundecidis pri la ĝenerale perceptita imago de Esperanto, pri ĝia leksikografia priskribo, pri la okupiĝo pri Esperanto kaj interlingvistiko en lingvistikaj rondoj, kaj pri la organizaj evoluoj kaj strukturoj de la Esperanto-movado – en amplekso kaj en komplekseco kiel nur malmultaj aliaj.

www.ingramcontent.com/pod-product-compliance
Lightning Source LLC
Chambersburg PA
CBHW031657040426
42453CB00006B/330